Hinweise zu den verwendeten Piktogrammen

- ⇢ Erklärung eines Fachbegriffs
- Zitat
- Schon gehört?
- Tipps und Anregungen

Redaktion: Heike Pfersdorff M. A.

Die Deutsche Bibliothek – CIP-Einheitsaufnahme
Mayerhofer, Bernd:
Glück: Der Menschheitstraum: Göttergeschenk, Zufall oder ein Talent?/Bernd Mayerhofer. –
Mannheim; Leipzig; Wien; Zürich: Meyers Lexikonverl., 1999
(Faszination von A bis Z)
ISBN 3-411-08311-5

Das Wort MEYER ist für den Verlag
Bibliographisches Institut & F. A. Brockhaus AG
als Marke geschützt.

Das Werk wurde in neuer Rechtschreibung verfasst.

Gestaltungskonzept: Peter Oehjne Design, Frankfurt am Main
Redaktion und Produktion: Thema Produktmarketing und Werbung GmbH, München
Druck und Bindung: Franz Spiegel Buch GmbH, Ulm
Printed in Germany

Faszination von A bis Z

Glück

Der Menschheitstraum: Göttergeschenk, Zufall oder ein Talent?

Bernd Mayerhofer

MEYERS LEXIKONVERLAG

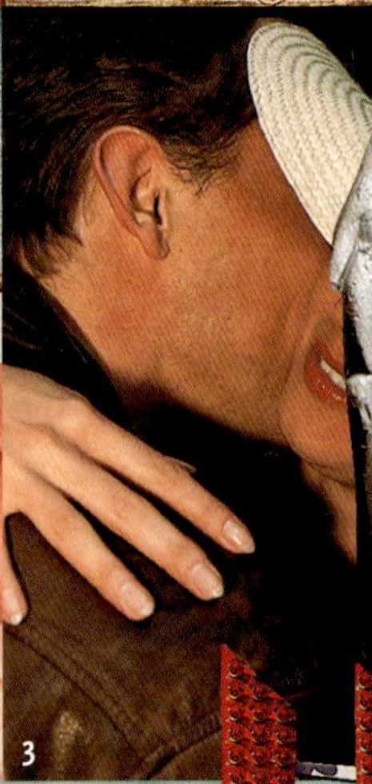

1 „Rad der Fortuna“ au den „Carmi Burana“, ur 1250

2 Ferienglück

3 Liebesglück

4 Schicksals-göttin Tych 2. Jh. n. Ch

5 Glücks-schweinche aus Plüsch

6 Glücks-symbole au Marzipan

7 Neonglück

Teil I

Die Seiten des Glücks

Das Glück hat viele Gesichter. Es wechselt sein Aussehen je nach Blickwinkel, zeigt sich im Spiel und in der Liebe, im Schrebergarten wie auf dem Berggipfel. Es spiegelt sich im selbstvergessenen Lächeln der Leserin genauso wie in der triumphalen Geste des Torschützen oder im stolzen Blick der Eltern. Manchmal ist das Glück nur ein Duft, der an vergangene Freuden erinnert, dann wieder ein Versprechen, das die Zukunft leuchten lässt.

In wie vielen Facetten sich das Glück auch präsentieren mag, die Sehnsucht danach verbindet die Menschen über Zeiten und Kontinente hinweg. Was wünscht man sich mehr, als glücklich zu sein? Und was tut man nicht alles dafür! Doch erzwingen lässt sich dieser heiß ersehnte Zustand nicht. Das Glück ist unberechenbar, wechselhaft, wankelmütig. Es kommt und geht, wie es ihm gerade gefällt. Und bisweilen merkt der Glückspilz gar nicht, dass er einer ist. Er verpasst sein Glück, und schon ist es wieder davon. Deshalb aufgepasst und zugepackt! Dann öffnet Fortuna ihr Füllhorn mit Freuden.

Viel Glück und viel Segen

Buona fortuna! Good luck! Bonne chance! Mucha suerte! Überall und in allen Sprachen wünschen sich die Menschen „viel Glück!", und es gibt ja auch Gelegenheiten in Fülle, in denen man ein Quäntchen Glück oder auch ganz viel davon gut gebrauchen kann. Am Beginn eines neuen Lebensabschnitts, zur Hochzeit etwa oder beim Eintritt ins Berufsleben, am Beginn eines neuen Jahres, sei es nun das Kalenderjahr oder das Lebensjahr, wenn einer sich eine neue Existenz schafft, eine neue Stelle antritt, eine neue Wohnung bezieht, wenn sich Nachwuchs einstellt oder beim Hausbau Richtfest gefeiert wird. Aber auch Sportler, Reisende und Leute mit abenteuerlichen Hobbys und gefährlichen Berufen haben Glück immer wieder nötig. Zum Bestehen der Fahrprüfung gehört es genauso wie zum erfolgreichen Vorsprechen beim Theater, zum Schulabschluss wie auch zur Gesellenprüfung.

„Das höchste Glück des Menschen besteht in der Überzeugung, geliebt zu werden."
Victor Hugo

Ohne Glück geht's nicht! Wir haben eben nicht alles in der Hand, und so müssen wir uns auch ein bisschen auf den Beistand von oben – oder wo immer das Glück herkommt – verlassen. Es hilft bereits, wenn möglichst viele Leute Glück wünschen! Die Braut, das Geburtstagskind, der Prüfling weiß: Man denkt an mich, man ist in Gedanken bei mir und wünscht mir Glück und Segen.

„Willst du immer weiter schweifen? / Sieh, das Gute liegt so nah. / Lerne nur das Glück ergreifen, / Denn das Glück ist immer da."
Johann Wolfgang von Goethe

Beim Glück ist es wie bei so vielen nicht konkret fassbaren Dingen: Auf den Glauben kommt es an, und der versetzt bekanntlich Berge! Wer überzeugt ist, dass der Glückwunsch dem Glück auf die Sprünge hilft, dass das vierblättrige Kleeblatt, das verrostete Hufeisen, der Talisman oder die Hasen-

1 Alle wünschen nur das eine: Viel Glück!

2 Ein neuer Lebensabschnitt beginnt: Glück und Segen für das Brautpaar!

pfote das entscheidende Maß an Glück bringt, der wird es auch haben. Wo ein Wille ist, da ist ein Weg, lehrt das Sprichwort, und der Wille zum Glück ist von allen Glücksbringern der stärkste!

Der Wille zum Glück

Auf das Glück kommt es an! Dass alle Menschen danach streben, darin sind sich die Philosophen einig, doch worin es besteht und wie man es erlangen kann, darüber streiten sie sich seit Jahrtausenden. „Alle Menschen suchen nach dem Glück. Das gilt ohne Ausnahme", schrieb der französische Religionsphilosoph und Mathematiker Blaise Pascal (1623–62), „wie unterschiedlich auch die Mittel sein mögen, die sie dafür benutzen." Das Glück kennt keine Patentrezepte, die man nur zu befolgen braucht. Vorbilder taugen zur Orientierung, doch garantieren sie nicht das eigene Glück. Wer sich an Idole klammert, an Gegenstände, Menschen, Fetische, ihnen all seine Liebe und sein Leben schenkt, wird in der Regel ebenso enttäuscht wie derjenige, der alles Glück in sich selbst verborgen wähnt und

„Wer die Rose nicht im Sommer bricht, der bricht sie auch im Winter nicht."
Sprichwort

daher auf den Kontakt zur Außenwelt verzichtet. Das Glück lässt sich nicht erzwingen; es hat seinen eigenen Kopf und geht seine eigenen Wege. Nur selten wandelt es auf asphaltierten Hauptstraßen, meist schlägt es Haken, verschwindet im dichten Unterholz oder verschärft das Tempo, sodass man manchmal kaum zu folgen vermag. Oft genug sind es Holzwege, Sackgassen, die zur Umkehr nötigen, überwucherte Trampelpfade, die man sich mühsam wieder freihauen muss, oder gefährliche Gratwanderungen, die neben Mut und Geschicklichkeit auch einen ausgeprägten Gleichgewichtssinn erfordern! „Das Glück wandelt auf vielen seltsamen Wegen", schrieb der dänische Schriftsteller Martin Andersen Nexö (1869–1954), „aber man muss ihm selber die Hand bieten." Wer nichts riskiert, keinen Blick oder Sprung ins kalte Wasser, wer sich nicht öffnet für das Glück, den lässt es links liegen. Das Glück muss

1

2

1 Riskierte sein Leben, um einen Menschheitstraum zu verwirklichen: Otto Lilienthal 1891 bei einem Flugversuch mit dem Doppeldecker-Hängegleiter

2 Christoph Kolumbus mußte lange kämpfen, bis er zu seiner großen Fahrt nach Westen aufbrechen konnte und zum berühmten Entdecker wurde. „Abfahrt der drei Karavellen Pinta, Nina und Santa Maria am 3. August 1492" von Antonio Cabral-Bejarano

man wollen und kann ihm doch nicht befehlen. Zum Glück braucht man Talent, wie der deutsche Romantiker Novalis (1772–1801) treffend festgestellt hat, – und ein wenig Glück!

Jeder nach seiner Fasson

Freude, Lust, Vergnügen, Befriedigung, Zufriedenheit, Wohlbefinden – es gibt viele Wörter, die Glück bedeuten, die Nuancen des Glücks zum Ausdruck bringen sollen. Doch so wenig sich das Glück auf direktem Weg ansteuern lässt, so wenig lässt es sich mit einem einzigen Begriff angemessen bezeichnen – geschweige denn begreifen.Unzählige Glücksvokabeln wären notwendig, der bunten Erfahrungsvielfalt zu Leibe zu rücken: dem Liebesglück, dem Familienglück, dem Machtglück, dem Lottoglück, dem Tugendglück, dem Askese-glück, dem Glaubensglück, dem Erkenntnisglück, dem Schöpferglück, dem triumphalen Glück des Siegers und dem stillen Glück im Winkel. Manchmal muss man sich fürs Glück warm anziehen, ein anderes Mal die Kleidung ganz ablegen. Oft genügt die legere Freizeitkluft, einige brauchen zum Glück freilich nicht nur Anzug, Hemd und Krawatte, sondern auch Laptop, Handy und Zigarettendunst! Der Platz an der Sonne kann in der Karibik liegen oder in Wanne-Eickel, an der Cocktailbar des Firstclass-Hotels, am Kartentisch oder im Hobbykeller eines Einfamilienhauses. Auf die Frage: „Bei welcher Gelegenheit warst du das letzte Mal glücklich?“ wird man so viele Antworten bekommen, wie man Menschen befragt. Der betörende Duft der Glückseligkeit findet sich ebenso im

Als Kleobulos von Lindos, einer der „sieben Weisen“ der griechischen Antike, gebeten wurde, in Delphi seine Lebensmaxime in Stein zu hauen, entschied er sich für „Alles mit Maß“. Das gilt auch für den persönlichen Umgang mit dem Glück: nicht alles wünschen, nicht nichts erwarten, sondern den mittleren, maßvollen Weg suchen! Des weiteren riet Kleobulos: „Im Glück sei nicht übermütig, im Unglück nicht verzagt.“

Kino oder zwischen den Seiten eines Buchs wie unter dem aufgebockten Chassis eines 30 Jahre alten, rostigen Mercedes-Benz, der von seinem neuen Besitzer auf einem Schrottplatz entdeckt wurde und nun wieder auf Vordermann gebracht werden soll! Das Glück hat viele Facetten. Die Antworten auf die Frage nach dem Glück sind nicht nur von Person zu Person, sondern auch von Land zu Land und von

1 Wer braucht schon Luxus zum Glück?

2 Sonne, Wind und Wellen – das Glück der drei brasilianischen Surfer

3 Das Glück hat Tempo und Dynamik.

4 Beschauliches Glück im Kleingarten

Zeit zu Zeit verschieden: Was das Glück des einen ausmacht, kann Unglück für einen anderen bedeuten, was eben noch Glück war, kann morgen schon – und war es gestern vielleicht – Unglück sein. Auch die verschiedenen Kulturen und Geschichtsepochen haben das Glück höchst unterschiedlich gesehen: Eine eindeutige Definition für dieses schillernde Phänomen wird man vergebens suchen!

Die Sprache des Glücks

Die meisten Sprachen halten den glücklichen Zufall auf der einen und die Glückseligkeit des Augenblicks auf der anderen Seite auch terminologisch auseinander: lateinisch „fortuna“ und „beatitudo“, griechisch „eutychia“ und „eudaimonia“, französisch „bonne chance“ und „le bonheur“, englisch „good luck“ und „happiness“. Zwischen Alpen und Nordsee begnügt man sich mit einem Wort: „Glück“. Das stiftet Verwirrung, führt mitunter zu Missverständnissen, ermöglicht aber auch „Sprachspiele“ und erzwingt kreative Verständigungsleistungen. Von welchem Glück jeweils die Rede ist, erschließt einzig und allein der Kontext: Glück haben, Glück empfinden, glücklich sein.

„Das Schicksal nimmt nichts, was es nicht gegeben hat.“
Seneca

„Gewiss ist es fast noch wichtiger, wie der Mensch sein Schicksal nimmt, als wie sein Schicksal ist.“
Wilhelm von Humboldt

Unsere Vorfahren mussten sogar noch genauer hinhören: Im Mittelalter konnte, wer von Glück sprach, auch das Gegenteil meinen. Ursprünglich bedeutete das Wort „Glück“ – mittelhochdeutsch „g(e)lücke“, mittelniederdeutsch „gelucke“ – nämlich einfach nur das Geschick oder Schicksal, und das kann sowohl gut als auch schlecht sein. Noch im späten 18. Jahrhundert wurde unter „Glück“ neben

1 Die Schicksalsgöttin Fortuna gab dem Glück seinen – lateinischen – Namen. „Fortuna und der Bettler“, Alexej Tarassowitsch Markow, 1836

2 Der italienische Dichter Francesco Petrarca setzte sich mit Fortunas Launen auseinander. Fresko von Jacobo Avanzo, 14. Jh.

1

2

dem gnädigen beziehungsweise günstigen auch das widrige Schicksal, das Unglück, verstanden. Erst in den letzten 200 Jahren traten beide begrifflich auseinander. Der Doppelsinn hat Tradition: In seinem 1366 erschienenen Buch „De remediis utriusque fortunae“ versprach der italienische Dichter und Humanist Francesco Petrarca (1304–74) Abhilfe „gegen beide Arten der fortuna“! Die Göttin gleichen Namens war Herrin über Glück und Unglück gleichermaßen. Sie gebot über den glücklichen Zufall und das wandelbare Schicksal, konnte das Glück schenken und verweigern, es mit grenzenloser Großzügigkeit, ohne Ansehen der Person, verteilen oder aber aus einer Laune heraus vorenthalten, zunichte machen, von einem Augenblick auf den anderen. Eine Ahnung von dieser bipolaren Struktur des

Glücks schwingt auch heute immer noch mit: Kein Glück ist von Dauer, jedes Glückserlebnis grundsätzlich eine flüchtige Angelegenheit, zeitlich begrenzt – weil irgendwann die Aufmerksamkeit nachlässt, das Glück zugunsten eines anderen in den Hintergrund tritt, vom Unglück verdrängt oder einfach nur schal und langweilig wird. „Alles wird man ja satt, des Schlummers selbst und der Liebe", dichtete bereits Homer.

„Er hat im Leben viel Glück gehabt, und ist doch niemals glücklich gewesen", lautet die selbstverfasste Grabinschrift des 1881 verstorbenen Schriftstellers Franz von Dingelstedt. In einen einzigen Satz fasste der Autor politischer Satiren, der es immerhin zum Direktor des Wiener Burgtheaters brachte, das Dilemma seines Lebens und die eigentümliche Ambivalenz des Glücks zusammen! Kein Lottogewinn der Welt, weder beruflicher Erfolg noch die Gunst des Augenblicks können das persönliche Glück auf Dauer erzwingen. Eine unglückliche Liebe oder eine

Von jenen paradiesischen Zeiten, in denen das älteste Geschlecht die Welt bevölkerte, in denen es weder Alter noch Krankheit noch Mühsal gab, und die Erde mit ihren Früchten alle ernährte, von jenem goldenen Zeitalter erzählte einst der altgriechische Dichter Hesiod. „Das goldene Zeitalter" von Lucas Cranach d. Ä., um 1530

Auch die Vorstellungen vom Paradies verändern sich mit den Zeiten. Doch nicht anders als der biblische Garten Eden liegen auch unsere modernen Paradiese – etwa diese karibische Strandidylle – inmitten einer verschwenderischen, freundlich gesinnten Natur.

ungestillte Sehnsucht, der vergebliche Kampf um beruflichen Erfolg oder eine chronische Krankheit, eine traumatische Erinnerung aus früher Kindheit oder ein Unfall, selbst verschuldet oder nicht, drücken dem Leben eines Menschen einen mitunter tragischen Stempel auf.

Paradiesische Zustände

Die alten Mythen von der Geburt des Menschengeschlechts, angesiedelt im biblischen Garten Eden oder im goldenen Zeitalter der Griechen, malen einen glückseligen Urzustand in den Himmel der Fantasie. Weder Not noch Elend, weder Krankheit noch Tod schrecken dort die Menschen. Was sie zum Leben benötigen, schenkt ihnen eine wohlwollende Natur, der sie mit Achtung und Aufmerksamkeit begegnen. Milch und Honig fließen in Fülle, die Bäume tragen reiche Frucht. Alle Kreaturen leben friedlich zusammen, miteinander verbunden durch ihr wunschloses Glück.

Dann aber kommt das Übel in die Welt. Im biblischen Mythos verspielen die Menschen das Paradies, weil sie ihrem Schöpfergott nicht gehorchen.

Arbeit, Schweiß und Tränen sind ihr Schicksal in der Welt, und schon bald geschieht der erste Mord: Ein Bruder erschlägt den anderen, voller Neid auf dessen Glück. Neid auf den Glücklicheren ist auch in der ägyptischen Mythologie Auslöser für eine Gewalttat: Der zerstörerische Gott Seth tötet seinen angesehenen Bruder Osiris und richtet damit auf der Erde fürchterliche Verwüstungen an.

„Das Paradies der Erde / Liegt auf dem Rücken der Pferde, / In der Gesundheit des Leibes / Und am Herzen des Weibes." *Friedrich von Bodenstedt*

Man darf sich des Glücks nicht zu sicher sein, das lernen wir von Adam und Eva, es nicht aus Langeweile, Hochmut oder aus blanker Neugierde auf ein anderes, noch unbekanntes Glück aufs Spiel setzen. Aber eines Tages, auch das verspricht uns die Bibel, erhalten wir die Chance, dorthin zurückzukehren, wo das erste Menschenpaar einst glücklich war, wo es weder Tag noch Nacht gab, wo alles begann. Die paradiesischen Mythen erzählen die Geschichte von Verlust und Hoffnung: Das anfängliche Glück geht verloren, an seine Stelle treten Arbeit, Elend, Leid – und das beschränkte Glück der irdischen Gegenwart. Doch durch das Tal der Tränen führt der Weg in eine lichtvolle Zukunft, die der fernen Vergangenheit gleicht. Das verlorene wird zum künftigen Glück, die urzeitliche Stätte der Ruhe, des Friedens und des Überflusses zum endzeitlichen Aufenthaltsort der Gerechten und zum Inbegriff des wahren, wirklichen Lebens! Juden, Christen, Muslime, die alten Ägypter, Hindus, Buddhisten, Kelten, Germanen und Inkas: Sie alle hoffen oder hofften auf ein jenseitiges Reich der Glückseligkeit. Und noch in den Vorstellungen vom Schlaraffenland, in den Utopien einer „glücklichen Gesellschaft" und

„Im Paradiese selber träfe man / Wohl einen an, den man nicht leiden kann." *Conrad Ferdinand Meyer*

in den Leitbildern der Wohlstandsgesellschaft ist der Mythos vom Paradies wirksam. Paradiesische Zustände sind Zustände eines leibhaftigen Glücks. Wir träumen von ihnen, sehnen uns nach der verlorenen Harmonie des Anfangs, den unschuldigen Freuden der Kindheit – und wissen dabei doch um die Unmöglichkeit der Erfüllung dieser Sehnsucht. Paradiese sind Projektionen des Glücks: Ihre Anziehungskraft – und ihre Gestalt – verdanken sie dem Unglück der Gegenwart! Einmal in die Welt gesetzt, werden sie zum Bild eines künftigen Glücks, das in vielfältiger Weise mit den „irdischen" Glücksstrategien und -techniken verknüpft ist.

Wege zum Glück

Paradiese eröffnen einen Horizont für die Lebenden! Die Aussicht auf künftiges Glück ließ die Menschen seit je Knechtschaft, Fremdherrschaft, Krankheit und sogar den Tod als unvermeidliches Schicksal akzeptieren. Die islamischen Gotteskrieger gaben um der versprochenen Wonnen des Paradieses wil-

Dass das Glück weder mit Reichtum und Überfluss noch mit Ruhm und Macht zu erringen sei, sondern in der Bedürfnislosigkeit liege, lehrte im 4. Jh. v. Chr. Diogenes von Sinope. Er lebte seine Philosophie vor: hauste in der Tonne, kümmerte sich nicht um irdische Güter. Und suchte – wie das Gemälde von Jacob Jordaens (17. Jh.) zeigt – mit der Laterne nach dem wahren Menschen. Unter den Ehrgeizigen, Gierigen und Habsüchtigen fand er ihn nicht!

len mit Freuden ihr Leben für Allah. Den Christen waren die Verheißungen Grund genug, in der Nachfolge Christi sämtliche Widrigkeiten des Erdendaseins geduldig zu ertragen. „Glücklich ist, wer Gott hat", predigte der große Kirchenlehrer des christlichen Altertums Aurelius Augustinus (354–430). Der bedeutendste Philosoph und Theologe des Mittelalters, Thomas von Aquin, (1224 oder 1225–74) folgerte: „Gott zu erkennen ist das Ziel jedes intelligenten Wesens. Nun nennt man das Ziel des Menschen und jedes intelligenten Wesens Glück oder Seligkeit. Deshalb ist die äußerste Seligkeit oder das äußerste Glück jedes intelligenten Wesens: Gott zu erkennen." Wo Gotteserkenntnis als höchstes Glück gilt, geraten profane Glückstechniken und -strategien notgedrungen ins Hintertreffen. Nur drei Jahre nach dem Tod des Thomas von Aquin verurteilte und verbot der einflußreiche Bischof von Paris, Étienne Tempier, 219 seiner Thesen als ketzerische Irrlehren, darunter auch die folgende: „Die Glückseligkeit gibt es in diesem Leben, nicht in einem anderen."

Magisches Glück

Das Leben ist kurz, das jenseitige Glück ungewiss. Ein falscher Schritt, ein verhängnisvoller Gedanke, eine unbedachte Tat, und man gerät vom rechten Weg ab – weil böse Geister und Dämonen, Teufel, Gnome, Zauberer und andere üble Kreaturen zur Sünde verführen. Die Devise eines vernünftigen Menschen konnte in früheren Jahrhunderten daher nur lauten, sich gegen das Böse zu wappnen und sich für das diesseitige Glück zu öffnen, ohne das jenseitige zu verwirken. Die Praktiken des Glücks umfassten folgerichtig nicht nur das fromme Gebet, die andächtige Einkehr, sondern auch magische Beschwörungstechniken aller Art. Beschworen wurde nicht etwa das Glück selbst, sondern der gute oder böse Geist, den es zu beeinflussen galt. Wer es verstand, die Gunst dieser übersinnlichen Wesen zu gewinnen, wem es gelang, sie gnädig zu stimmen durch Opfer, Riten, Zaubersprüche, Amulette, Talismane und andere magische Praktiken, konnte auf ihre Unterstützung oder doch wenigstens ihr wohlwollendes Desinteresse hoffen.

Magisches Denken und magische Praxis gingen – bewusst oder unbewusst – von der Annahme einer prinzipiellen Identität zwischen Mikro- und

1 Goldbrakteat der Wikingerzeit, das als Amulett auf der Brust getragen wurde.

2 Der Goldring mit Skarabäus stammt aus Tanis, der Hauptstadt der ägyptischen Könige der 21. und 22. Dynastie.

3 Der deutsche Astronom, Geograph und Mathematiker Petrus Apianus (1495–1552) benutzte diese drehbare Scheibe für seine astronomischen Berechnungen.

1

2

3

Makrokosmos aus. Die Welt des Menschen und die der Sterne, des Universums, der Natur waren danach durch ein feinmaschiges Netz von Entsprechungen und „Sympathien“ miteinander verbunden, das ungezählte Kommunikationsmöglichkeiten zwischen Mensch und Göttern beziehungsweise Dämonen bot. Heute leben nur noch die Kinder in einer solchen Zauberwelt voller sprechender Dinge, voller Wunder und voller Engel, Geister und Dämonen, die das Schicksal des Menschen zum Guten oder zum Bösen lenken. Vor dem Eintritt ins Industriezeitalter, vor der „Entzauberung der Welt“ (Max Weber) durch Wissenschaft und Technik waren Bauern, Handwerker und Kaufherren, Rittersleut’ und Edelfrauen, sogar Priester und Könige von der Existenz okkulter Kräfte in der Natur überzeugt. Zahlreiche Herrscher hielten sich Hofastrologen, Orakelspezialisten und Wahrsager, die aus der Konstellation der Sterne oder anderen bedeutsamen Vorzeichen den günstigsten Zeitpunkt für eine Unternehmung ermittelten; andere beschäftigten Alchemisten und beauftragten sie mit der Suche nach

Die Chiromantie, die Kunst des Wahrsagens aus den Formen und Linien der Hand, basiert auf Überlieferungen, die bis in die Antike zurückreichen, und hat auch heute noch viele Anhänger. Auf die Zukunftsanalyse dieses Jahrmarktautomaten wird sich allerdings kaum jemand ernsthaft verlassen.

1 Soll Schaden fern halten und das Glück beschwören: ritueller Tanz eines indonesischen Schamanen

2 Fetisch der Hopi-Indianer, 19. Jh.

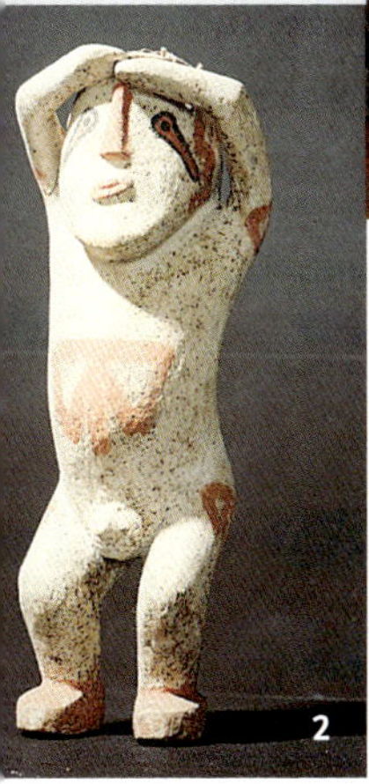

dem berühmten „Stein der Weisen“ oder dem Geheimnis der Goldherstellung.

Julius Cäsar setzte sich an seinem Todestag über zahlreiche Warnungen, darunter auch die Weissagungen des Sehers Spurinna, hinweg; gegen zehn Uhr vormittags fiel er den Verschwörern zum Opfer. Das einfache Volk blieb an „Unglückstagen“ einfach zu Haus. Statt teures Geld für „Zukunftsforscher“ auszugeben, begnügte es sich mit der Beobachtung des Vogelflugs, deutete Naturerscheinungen und folgte ansonsten den Empfehlungen weiser Frauen oder den auf Lebenserfahrung beruhenden Bauernregeln und Spruchweisheiten.

Kleeblatt und Schornsteinfeger

Zahlreiche historische Glücksbräuche und -vorstellungen haben sich in unsere ach so aufgeklärte Gegenwart herüber gerettet, auch wenn ihr eigentlicher Sinn in den meisten Fällen inzwischen vergessen ist. Wer weiß schon, was es mit Hufeisen, Schornsteinfegern und vierblättrigen Kleeblättern wirklich auf sich hat, warum beim „Polterabend“ zwar Porzellanteller, jedoch keine Gläser zerbrochen werden dürfen, und weshalb bestimmten Edelsteinen Heilkräfte nachgesagt werden, andere dagegen Unheil stiften können. Wir schmücken uns mit glückbringenden Broschen, Talern und Goldketten, fürchten schwarze Katzen, schlagen drei Kreuze, wenn eine Gefahr vorüber ist, klopfen auf Holz und spucken in die Hände oder über die Schulter, um das gute Gelingen einer Unternehmung zu beschwören. Ein dichter Kranz magischer Verhaltensvorschriften und Glücksbräuche umgibt die entscheidenden Tage des Lebens: Geburt, Hochzeit und Tod, aber auch die Zäsuren im Jahreslauf wie Silvester/Neujahr, Frühlingsanfang und Sonnenwende. Von den kirchlichen Feiertagen ganz zu schweigen, die andächtiges Erinnern und Eingedenken mit ganz und gar diesseitiger Fröhlichkeit verbinden und dergestalt die Routine des Alltags für kurze Zeit unterbrechen.

„Der Aberglaube ist die Poesie des Lebens.“
Johann Wolfgang von Goethe

Unzählige magische Verbindungslinien führen aus dem Dunkel einer versunkenen Vergangenheit in unsere moderne Gegenwart und reichern sie mit Bedeutungen an, die wir zwar nicht mehr begreifen, gleichwohl noch erahnen, „spüren“ können. Dass diese „Bedeutungen“ – in Gestalt alltagsmagischer Praktiken, Riten und Glücksbräuche – bis heute überlebt haben, zeugt von der Hartnäckigkeit menschlichen Glücksverlangens und von der Erfahrung, dass das Glück zwar möglich ist, aber nicht kalkulierbar. Es entzieht sich jedem direkten Zugriff und will eher beschworen denn errechnet werden. Und dennoch: Gerade weil das Glück sich nicht zwingen lässt, weil es den Launen eines unsichtba-

Der englische Staatsmann und Schriftsteller Benjamin Disreali (1804–81) war ein recht abergläubischer Mann. So stellte er zum Beispiel die Füße seines Bettes in Schalen mit Salzwasser, um auf diese Weise böse Geister abzuhalten und sich einen ungestörten Schlaf zu verschaffen.

Wie wird man ein Glückspilz? Für den Anfang reicht es vielleicht, die passenden Strümpfe anzuziehen – so wie diese Comicfigur auf einem Kirmeswagen.

ren Schicksals eher gehorcht als den Ratschlüssen der Vernunft, haben Menschen seit je den Traum von der Machbarkeit des Glücks geträumt und die entsprechenden Mittel dazu ersonnen. Dieser Aspekt verbindet unsere eigene Zeit mit einer fernen und nur noch in ihren Relikten greifbaren Vergangenheit: Wir sind Hörige des Glücks, wie wir es gestern waren und vor Jahrtausenden!

Glücksschmiede

Jahrtausendelang war der Mensch nicht Herr seines Glücks. Wohl tat er das Seine: Er hütete Vieh, rodete Wälder und baute Getreide an. Er errichtete Häuser, gründete Städte und zeugte Nachkommen. Er erfand Vergnügungen und Lustbarkeiten, hatte wohl auch seinen Spaß, gab sich Gesetze, übertrat sie und rief sich zur Ordnung. Und konnte doch nicht verhindern, dass ein grausames Schicksal im Bruchteil einer Sekunde alles vernichtete, was der Schweiß von tausend Arbeitsstunden geschaffen hatte. Die Götter waren im Besitz seines Glücks. Sein Schicksal lag in ihren Händen: Sie konnten sein Leben zerstören, sie konnten ihn aber auch erhöhen, herauslösen aus dem „Schuldzusammenhang des Lebendigen“

1 Vor Silvester haben sie Hochkonjunktur!

2 Berlin: Schornsteinfeger in Aktion

3 Grunzender Glücksbringer

4 Ein Glückskäfer für das Baby.

1

3

4

2

(Walter Benjamin), dem Netz des eigenen Schicksals. Ein kosmisches Weltgesetz wies jedem das seine zu, nicht mehr, aber auch nicht weniger. Für Aristoteles bestand das größte Glück im „Tätigsein der Seele im Sinne der ihr wesenhaften Tüchtigkeit". Wer sich in sein Schicksal zu fügen wusste, durfte mit dem Wohlwollen der Götter rechnen, wenn nicht in diesem, so doch im nächsten Leben.
Wer dagegen aufbegehrte, wer auf eigene Faust glücklich werden wollte, musste damit rechnen, von Götterhand zerschmettert zu werden. Im antiken

Mit den Pferden sind auch die Hufeisen aus unserem Alltag verschwunden. Um so schwieriger ist es, einen dieser begehrten Glücksbringer zu finden.

Griechenland zog der allzu Glückliche den Neid und den Zorn der Götter auf sich. Ein „tödlicher Blitz" aus heiterem Himmel bestrafte diejenigen, die der Hybris, des sorglosen Hoch- und Übermuts, verdächtigt wurden. Eine Mahnung an alle, dass das Glück der Menschen in den Händen der Götter lag. „Aus den Wolken muss es fallen, / Aus der Götter Schoß, das Glück", dichtete Friedrich von Schiller (1759–1805).

Die alten Götter sind tot. Und auch das Schicksal schwingt sein Zepter nicht mehr mit der gleichen mitleidlosen Entschlossenheit wie vor Jahrhunderten. Wie sollte es auch? Der Mensch ist ihm in den Arm gefallen. Er hat sich des Schicksals bemächtigt und lässt es nun nach seiner Pfeife tanzen. Er hat sich biblischem Auftrag gemäß die Erde untertan gemacht – und ganz nebenbei gleich selbst an die Stelle des Auftraggebers gesetzt. Wo Götter fehlen, ist der Mensch allein für sein Glück – und das der anderen – verantwortlich. Er ist „Schmied seines Glücks", Schöpfer, Erlöser und Glücksbringer in einer Person, Täter und Opfer zugleich. Das ist das Besondere, Unverwechselbare am neuzeitlichen Umgang mit dem Glück: Es wird vollständig der Bewertung durch den Einzelnen überlassen.

Deuteten die Philosophen des Altertums den Glücksbegriff vor allem von der Stellung des Menschen im Kosmos her, dominiert seit der Renaissance der subjektive Standpunkt: Glück ist, was als solches empfunden wird. Historische Erfahrungen – die geographisch-ethnologischen und wissenschaftlichen Entdeckungen, eine neue frühkapitalistische Handels- und Wirtschaftspraxis und besonders die blutigen konfessionellen Bürgerkriege im Gefolge der Reformation – standen bei der Geburt des modernen Glücksbegriffs Pate. Weil ein Weltbild zerbrach und ein anderes heraufdämmerte, weil die alten Ordnungsmächte Kirche und Staat in sich zerissen waren, konnte das neue Bild vom selbstgeschmiedeten individuellen Glück entstehen.

„Glück hat auf die Dauer nur der Tüchtige.“
Sprichwort

Francis Bacon (1561–1626), der Lordkanzler des englischen Königs Jakob I. und Verfasser einer der berühmtesten Sozialutopien aller Zeiten („Nova Atlantis“), hat dafür das Bild von der menschlichen Hand als der „eigentlichen Gussform des Glücks“ erfunden. Von ihr und von der schnellen Zunahme wissenschaftlicher Kenntnisse erhofften sich Bacon und seine „fortschrittlichen“ Zeitgenossen nicht nur die Herrschaft über die Natur, sondern auch die problemlose Befriedigung der menschlichen Bedürfnisse und eine Vermehrung des Glücks: Ein Landsmann Bacons, der Philosoph Jeremy Bentham (1748–1832), hat dieses „demokratische“ Glück 200 Jahre später in eine griffige Formel gegossen: das größte Glück der größten Zahl! Doch eine Gesellschaft, in der alle glücklich sind, bleibt Utopie. Zu verschieden sind die Menschen, zu viele Seiten hat das Glück.

„Fortschritt ist die Verwirklichung von Utopien.“
Oscar Wilde

Casanovas Glück – ein Exkurs

Ein ganz anderes Glück hatte Giacomo Girolamo Casanova (1725–98) im Sinn. Der studierte Theologe und Jurist, der durch seine spektakuläre Flucht aus den Bleikammern Venedigs und seine Liebesabenteuer in ganz Europa bekannt wurde, ließ sich mit Vorliebe von sinnlichen Genüssen den Weg zum Glück weisen. Sein Glückskatalog aus dem Jahr 1760 enthält folgende Aufstellung: vollkommene Gesundheit, keine Pflichten, keine Sorgen, keine Abhängigkeit, reichlich Geld, Glück im Spiel und Erfolg bei den Frauen. Da er über all dies verfüge, sei er glücklich „im tiefsten Grunde“. Casanova ist der Prototyp des modernen Glücksritters. Den Pflichten und den Sicherheiten des bürgerlichen Berufs- und Familienalltags zog er ein Leben voller Abenteuer und Aufregun-

Viel ist Casanova geglückt, und doch starb er, verarmt und von der großen Welt vergessen, als Bibliothekar auf einem einsamen böhmischen Schloss. Geblieben sind seine sechsbändigen Memoiren „Histoire de ma vie“, mit denen er der Welt ein literarisch bedeutsames Zeugnis für das Leben im 18. Jh. schenkte. Zeitgenössisches Porträt von Johann Berka

gen – und natürlich voller Vergnügungen – vor. Geschickt nutzte er sich bietende Freiräume, Gelegenheiten, Chancen, mit großer Finesse lavierte er sich durch die Untiefen der europäischen Adelsgesellschaft, brach Herzen, eroberte und ließ sich erobern, beeindruckte durch brillante Konversation, Humor

Auch die Liebe war für den Glücksspieler Casanova ein Spiel. Zahllose Frauen soll er erobert haben! Und so wurde Casanova zum sprichwörtlichen Verführer und zur Personifizierung eines galanten Zeitalters. Malerei auf einer Kirmesbude

und Selbstironie, eine grandiose Stilisierung der eigenen Persönlichkeit – und durch eine „Leichtigkeit des Seins“, die mehr als alles andere den Namen Glück verdient. Dieses furiose Daseinsglück war selbst auf Glück gebaut. Seinen Lebensunterhalt verdiente sich der venezianische „Casanova“ nämlich in erster Linie mit seiner wahren Leidenschaft: dem Glücksspiel! Wandten sich die Karten gegen ihn, lieh er sich Geld von Freunden, mitunter auch schon mal den Schmuck einer Geliebten, um das Glück zu versuchen und seines zu machen – meist mit Erfolg! Dem französischen König Ludwig XV. konnte der redegewandte Italiener sogar die Einwilligung zur Veranstaltung einer staatlichen Lotterie abringen.

Zu Casanovas Lebensglück trug der glückliche Zufall erheblich bei; allerdings hätte er nichts oder nur wenig auszurichten vermocht ohne des Venezianers grundsätzlichen Lebensoptimismus und die Bereitschaft zum Glück, die auch das Risiko des Unglücks einkalkuliert. Fehlt eine solche Lebensgrundlage, schmecken selbst die süßesten Früchte schal und bitter.

1 Gipfelglück

2 Spielerglück

3 „Schutzenge
Öldruck, 19.

4 Glückssymb

5 Spielcasino
Berlin am Po
damer Platz

6 Schornstein-
feger

7 Lostrommel,
19. Jh.

Teil II

Glück von A bis Z

Alraune – *die Glückspflanze*

Sie sieht aus wie ein Mensch, steckt fest in der Erde und schreit, wenn man sie herauszieht. Wer jedoch an sie glaubt, wird glücklich. Die Rede ist von der Alraune, der vielleicht berühmtesten Glückspflanze der Welt. Die korrekte Bezeichnung des Atropin enthaltenden Nachtschattengewächses, das auf eine jahrtausendealte Karriere als Heil- und Schlafmittel, Halluzinogen und ···› **Aphrodisiakum** zurückblicken kann, lautet Mandragora officinarum; Alraun(e) wurde ausschließlich der rübenartige Wurzelstock genannt, der an eine menschliche Gestalt erinnert. Und gerade auf ihn kam es an! Wem es gelang, sich in den Besitz eines ···› **Alraunmännleins** – ganz gleich ob so gewachsen oder zurechtgeschnitzt – zu bringen, dem war angeblich das Glück zukünftig hold. Die Wurzel wurde mit Liebe und Ehrerbietung behandelt, man schmückte sie, kleidete sie ein, steckte sie in hübsche Kästchen und verbarg sie vor neidischen Blicken an einem geheimen Ort. Berühmt sind die Alraunen aus der Sammlung Kaiser Rudolfs II. (heute Wiener Hofbibliothek): ein in Samt gekleidetes „Pärchen" sowie eine Wurzel, die wegen ihrer Kruzifixgestalt besondere Verehrung genoss.

···› **Aphrodisiakum**
Einiges spricht dafür, dass es sich bei der Pflanze Dudaim (hebräisch: Liebeskraut), die in der Bibel (1. Mose 30, 14ff.) erwähnt wird, auch um eine Alraune handelt. Rahel errang mit ihrer Hilfe Jakobs Liebe und gebar einen Knaben.

···› **Alraunmännlein**
Zahlreich sind die Namen, die der Wunder wirkenden Alraune je nach Fundort und Zaubertätigkeit verliehen wurden: Geld- oder Glücksmännlein, Galgenmännlein, Tragerl, Ulraunderl, Wunderkraut.

Die Mär von der Wunderkraft der Alraune trieb schauerliche Blüten: Unter dem Galgen würde sie wachsen, aus dem vergossenen Harn oder Samen unschuldig Gehenkter. Beim Ausgraben müsse man sich die Ohren verstopfen, um ihr markerschütterndes Geschrei zu überleben. Man dürfe sie keinesfalls selbst aus dem Boden ziehen, da eine direkte Berührung zu diesem Zeitpunkt den sofortigen Tod bedeuten würde; am besten binde man sie an den Schweif eines schwarzen Hundes und locke diesen dann mit einer Wurst. Allzu sehr hängen durfte man an dem Vierbeiner nicht, denn er musste dafür mit seinem Leben bezahlen.

„Weh, wenn ich zu früh erwachen sollte, / Wenn mich ein ekelhafter Dampf umqualmt, / Wenn's kreischt, als grübe man Alräunchen aus, / Bei deren Ton der Mensch von Sinnen kommt."
William Shakespeare, „Romeo und Julia"

Alraunen waren ein begehrtes Gut, und der Handel damit öffnete Betrügern Tür und Tor: 1570 wurden drei fahrende Gesellen in Schaffhausen aufgehängt, weil sie die Gut- und Glücksgläubigkeit der Menschen mit falschen Alraunwurzeln auszunutzen versuchten. Deren öffentlicher Verkauf wurde verboten, ebenso „zauberey/hexerey und andere sträfliche teuffelskünste", die mit ihr veranstaltet wurden. Aber der Glaube erwies sich stärker als alle Strafen und Verbote: Noch bis in den Anfang des 20. Jahrhunderts hinein boten Warenhäuser Alraunen an und versprachen im Beipackzettel Glück und Reichtum.

1 Zwei Alraunwurzeln als Glücksbringer

2 „Alraunfrüchte", Illustration zu einem medizinischen Hausbuch, Italien, Ende 14. Jh.

Amulett *und Talisman*

Das wunderwirkende Wort „Abrakadabra" stammt aus dem antiken Buchstabenzauber; es war vielleicht mit dem Zauberwort „Abraxas" verwandt, das auch der Geheimname eines Gottes der Gnostiker des 2. Jh.s war. Den Gott hat man irgendwann vergessen, die Formel blieb bestehen und erlebte im Mittelalter ein Comeback: Man schrieb sie auf kleine Zettel, die man anschließend verschluckte, man ritzte sie in Metall und trug sie um den Hals oder sagte sie auf, immer und immer wieder. Weil man sich davon Schutz gegen Krankheiten versprach und weil man auf der Suche nach Glück in schweren Zeiten ein wenig Hilfe gut gebrauchen konnte.

Amulette und Talismane benutzt man heute wie in alten Zeiten: inflationär! Das Hufeisen an der Haustür, der Glückspfennig im Geldbeutel und das Kreuz an der Halskette sollen die bösen Geister abwehren und die guten anlocken, das Unglück fern halten und das Glück herbeirufen. Mag auch die Wissenschaft Amulett und Talisman streng voneinander trennen – Amulette als Schaden abwehrende Objekte, die am Körper getragen werden, Talismane als Glücksbringer im Haus oder an Gegenständen –, der Volksglaube macht keinen Unterschied.

Der Astrologe und Buchautor Richard H. Larss hat sie „Magneten des Glücks" genannt und insistiert, dass nur solche Objekte als Amulette beziehungsweise Talismane bezeichnet werden dürfen, die „auf der Grundlage des Horoskops nach den Vorschriften der Alten hergestellt und in jedem einzelnen Falle genau auf die Persönlichkeit ihres Trägers abgestimmt wurden". Tritt dann noch der Glaube an die okkulten Kräfte von Amulett oder Talisman hinzu, darf man sich deren „apotropäischer", das heißt Unheil abwehrender beziehungsweise Glück bringender Wirkung sicher sein. Die meisten Menschen haben sich um solche Bestimmungen wenig gekümmert – und alles „zu Amulett gemacht", was ihnen geeignet schien: Muscheln, Steine, Perlen, Metalle, Geräte, Wurzeln, Kräuter sowie Tiere und Tierteile wie Hirschzähne, Hasenpfoten und Bärenfelle. Ein paar Regeln galt es dennoch zu beachten. Die Wichtigste: Amulette beziehungsweise Talismane muss man geschenkt bekommen, finden oder stehlen, sollen sie ihren Zauber entfalten. Einfach

1 Amulett Karls des Großen: Saphir in Goldfassung mit Juwelen und Perlen

2 Phönikisches Amulett, Sandkernglasguss, 4.–3. Jh. v. Chr.

3 Amulett in Form eines Falken aus der späteren Bronzezeit, gefunden in Israel

1

2

3

selber kaufen bringt nichts! Der Versuch, die leibliche und seelische Unversehrtheit durch einen Spruch oder einen am Körper getragenen Gegenstand zu wahren, hat eine Tradition, die über alle kulturellen und zeitlichen Grenzen hinausgeht. Besonders ausgeprägt waren solche magischen Praktiken im alten Ägypten. Hier war es das „Udjat-Auge“ – das heilige Auge des Gottes Horus –, das sich als Amulett größter Beliebtheit erfreute.

1

Arbeit *und Müßiggang*

Ist Müßiggang tatsächlich aller Laster Anfang, wie uns der Volksmund weismachen will? Oder hatte Aristoteles Recht, der meinte: „Die Muße ist der Urgrund von allem, sie ist der Arbeit vorzuziehen und ist ihr Ziel." Die Italiener, denen noch immer der Ruf anhaftet, Experten im „dolce far niente" – dem süßen Nichtstun – zu sein, würden dem alten Griechen wohl zustimmen; anders die Bibel: „Wer nicht arbeitet, soll auch nicht essen", heißt es da kategorisch. Und noch 1966 predigte Ludwig Erhard, der Vater des nachkriegsdeutschen Wirtschaftswunders: „Die Sucht, weniger zu arbeiten, und die Versuchung, weniger arbeiten zu wollen, ist ein Schritt ins Verderben." Aus Erhards engstem Kreis war jedoch bisweilen zu vernehmen, dass Arbeitswut nicht eben zu den Lastern des Manns mit der dicken Zigarre zählte.

Sigmund Freud bedauerte, dass „die Arbeit als Weg zum Glück" wenig geschätzt wird: „Man drängt sich nicht zu ihr wie zu anderen Möglichkeiten der Befriedigung. Die Mehrzahl der Menschen arbeitet nur notgedrungen, und aus dieser natürlichen Arbeitsscheu leiten sich die schwierigsten sozialen Probleme ab."

Was macht uns nun glücklich: Arbeit oder Müßiggang? Beides! Und zwar zusammen, in harmonischem Ausgleich. Hier finden wir uns im Wechsel zwischen Anspannung und Entspannung, Gelingen und Genießen, Müssen und Wollen: „Tages Arbeit, abends Gäste! Saure Wochen, frohe Feste sei dein künftig Zauberwort." (Goethe). War Arbeit jahrtausendelang in erster Linie Mühsal, Plage und Pflicht, so gilt sie heute, zumindest in den Industrieländern, vielen als eine Quelle der Selbstbestätigung und Selbstverwirklichung – und des Glücks. Arbeit muss Spaß machen. Dieses Glaubensbekenntnis vereint den Workaholic mit dem Heimwerker. Längst hat sich der Begriff vom schnöden Erwerb abgekoppelt, neue Anwendungsfelder erschlossen – und dabei selbst vor der Freizeit nicht Halt gemacht. Auch Freizeit ist Arbeit – und kann sogar in richtigen Stress ausarten. Häufig genug bleibt das kontemplative Glück der Muße dabei auf der Strecke. Muße ist Frei-Zeit im eigentlichen Sinn des Worts, frei verfügbare Zeit, die Chancen zu sinnvoller Tätigkeit eröffnet, aber auch zu sinnloser! Trödeln zum Beispiel kann sehr erholsam sein und richtig glücklich machen. Vor zu viel Fernsehen – eindeutig die populärste Freizeitgestaltung – sollte man sich jedoch hüten. Das macht nicht glücklich, nicht einmal zufrieden, sondern vor allem müde. Welche Schwierigkeiten der Umgang mit freier Zeit bereiten kann, beweist das japanische Beispiel: Per Fünfjahresplan wurde den Japanern 1992 ein zweitägiges Wochenende verordnet. Die Folge: Viele Japaner sind laut einer privaten Studie unglücklich; die freien Tage seien zu teuer und zu ermüdend.

„Nach chinesischer Auffassung ist der am kultiviertesten, der auf die klügste und überlegenste Weise müßig zu gehen versteht … Der Weise ist nie in Schaffenshast, und der Hastige ist niemals weise.“
Lin Yutang

1 „Bastian, der Faulpelz“, Illustration aus dem gleichnamigen Kinderbuch von Heinrich Hoffmann

2 Ludwig Erhard in seinem Arbeitszimmer in Bonn, 1955

3 Verdiente Pause: Taxifahrer im böhmischen Krumau

4 Muße auf Ägyptisch

Askese – *Königsweg zum Glück?*

Es war einmal ein Mensch. Der sah in der Realität die Quelle allen Leids, also kehrte er der Welt den Rücken und wollte fortan nichts mehr mit ihr zu schaffen haben. Er wurde zum Eremiten – und verzichtete bewusst auch auf all die Annehmlichkeiten, die die bunte Welt zu bieten hat.

„Entsagung ist das heilige Zauberwort, das jedes Glück hervorruft."
Ludwig Börne

Sind Asketen die glücklicheren Menschen? Vielleicht. Auf alle Fälle besitzen sie wenig, eigentlich gar nichts, und nennen das ihr Glück – wenn sie überhaupt sprechen und nicht in erdenferner Meditation versunken sind. Asketen pflegen die Askese, und die war im antiken Griechenland zuerst einmal die psychische und physische Vorbereitung der Athleten auf den Wettkampf. Eine Art Training also, um sich der großen Aufgabe zu stellen. Im weiteren Sinn rüstet sich der Asket, indem er dem Laster und so manchem schnellen Glück entsagt, für den Kampf gegen die

1 Nur das Existenzminimum braucht der indische Sadhu in seiner Höhle zum Glück.

2 Diogenes in der Tonne: Von seinem Schüler Krates, der mit einem Sack Gold kommt, nimmt er keine Notiz! Französische Buchmalerei des 15. Jh.s

„Nicht die Vermehrung der Habe, sondern die Verminderung der Wünsche ist angezeigt.“
Epikur

„O spottet nicht den traurigen Asketen, / Dass sie den Leib mit scharfen Leiden plagen, / Die süßen Erdenfreuden sich versagen, / Die flüchtigen, nur allzu schnell verwehten!“
Nikolaus Lenau

Übel der Welt. Alle Religionen dieser Welt kennen die Askese als Königsweg zum Glück, als fromme Übung, die zu Erkenntnis und Erleuchtung führt. Jesus ging 40 Tage in die Wüste, um sich auf sein Auftreten in der Öffentlichkeit vorzubereiten. Und Siddharta verließ Wohlstand und Familie, rasierte sich nach altindischer Asketentradition Bart und Haupthaar ab, schlüpfte in die gelben Gewänder – und begab sich auf den Weg der Spiritualität. Sechs Jahre übte er sich in härtester Askese, um schließlich zu erkennen, dass allein der „mittlere Weg“, der zwischen den Extremen der völligen Hingabe an die Welt und der völligen Enthaltsamkeit, zum Ziel führt. Siddharta wurde zum Buddha, dem Erleuchteten.

Asketen kämpfen nicht um Besitz oder gesellschaftlichen Status, sie suchen die Wahrheit und das Glück außerhalb der Norm. So wie Diogenes: Lebte in einer Tonne und wars zufrieden, den Leuten seine Meinung zu sagen. Sein bedürfnisloser Lebensstil sollte der gedankenlosen Bedürfnisbefriedigung der Athener einen Spiegel vorhalten – und Diogenes zum Glück verhelfen. Wer ein Haus sein Eigen nennt, ist stets gefährdet durch Verlust. Wer dagegen in einer Tonne wohnt, muss nicht um seinen Besitz fürchten, wer wollte ihm die zugige Wohnhöhle neiden? Auch Epikur, der bedeutendste Glücksphilosoph des Altertums, war ein Asket, sofern unter Askese nicht nur die „vollendete Anästhesie des Körpers und der Seele“ (Ludwig Marcuse) verstanden wird. Sein Glück bestand nicht im Verzicht auf Glück, sondern im Verzicht auf ein Glück für ein anderes, das ihn glücklicher machte.

Der rechte **Augenblick**

Es gibt für jedes Glück den rechten Augenblick. Dann heißt es, zupacken und die einmalige, vielleicht nie mehr wiederkehrende Chance nutzen. Anderseits gibt es das Glück des Augenblicks: Wenn für die Dauer eines Wimpernschlags alles vollkommen scheint, wenn im intensiven Erleben der Gegenwart Vergangenheit und Zukunft vergessen sind, wenn sich die Glücklichen an die Welt verlieren. Und womöglich sogar bereit sind zu sterben? Beim Anblick Neapels etwa, einem Moment angeblich nicht zu übertreffender Perfektion, soll ja so manchen schon die Todessehnsucht beschlichen haben! Aber nicht nur der Volksmund, sondern auch die deutsche Klassik kennt diese Stimmung gut: Ein Augenblick „gelebt im Paradiese", verrät uns Don Carlos in Schillers gleichnamigem Drama, „wird nicht zu teuer mit dem Tod gebüßt." Auch Goethes Faust verknüpft den Moment des wunschlosen Glücks mit dem Untergang: „Werd ich zum Augenblicke sagen: Verweile doch, du bist so schön! Dann magst du mich in Fesseln schlagen, dann will ich gern zugrunde gehen." Zum Glück folgt dem glückhaften Augenblick nicht regelmäßig die Strafe auf dem Fuß. „Frag nicht, was das Glück morgen wird beschließen. Unser ist der Augenblick, lass uns den genießen", dichtete Friedrich Rückert und bestätigte damit all jene, die im „Hier und Jetzt" aufgehen und sich ganz einfach freuen können.

Augenblicke vollendeten Glücks erlebte der russische Kosmonaut Alexei Leonow, als er hoch über der „gastlichen Erde" allein im unendlichen All trieb. „Wie ein großer Meeresvogel mit weit geöffneten Flügeln glitt ich neben dem Raumschiff hin. Meine Eindrücke waren von so wilder, überwältigender Schönheit, dass ich nicht merkte, wie die Minuten verstrichen." Dieses Gefühl von Freiheit und absolutem Wohlbehagen erinnerte Leonow an die „Wälder meiner Kindertage", an sehr irdische Erfahrungen also, die jedem offen stehen.

Die Griechen haben jenem rechten Augenblick, in dem alles glücken kann, ganz besondere Aufmerksamkeit geschenkt und sich vorsorglich einen passenden Gott zurechtgemeißelt. Kairos nannten

1 Im rechten Augenblick zugepackt!

2 Kairos, der griechische Gott der günstigen Gelegenheit. Gemälde von Girolamo da Carpi, 16. Jh.

sie den auf Zehen laufenden Jüngling und errichteten ihm in Olympia einen eigenen Altar. Einer der berühmtesten griechischen Bildhauer, Lysippos, hat den Gott in Stein gebannt: mit Flügeln am Fuß, einem Haarschopf über der Stirn und kahlem Hinterkopf. Die Statue gilt als eines der frühesten Beispiele allegorischer Auslegung einer Gottheit. „Die Gelegenheit beim Schopf packen", lautet eine alte Redewendung. „Am Stirnhaar lasst den Augenblick uns fassen!", heißt es analog dazu bei Shakespeare. Mit diesem ominösen Schopf ist keine andere als die Haarlocke des griechischen Jünglings gemeint.

Wer zu langsam ist, bekommt sie nicht mehr zu fassen; ihn bestraft das Leben. Dies gilt für Privatleute ebenso wie für Politiker. Nach Ansicht des Florentiner Staatstheoretikers Niccolò Machiavelli macht gerade die Gelegenheit „das Glück dieser Männer". Ein wenig darf sich auch Helmut Kohl zu diesen „Glücklichen" rechnen: Als die Mauer(n) fielen in Europa, ergriff er die Gelegenheit beim Schopf und erwies sich damit als – Politiker!

> In einem seiner Gespräche mit Johann Peter Eckermann gestand Johann Wolfgang von Goethe, er habe in seinem Leben insgesamt „keine vier Wochen eigentliches Behagen gehabt". Ganz ähnlich äußerte sich gegen Ende seines Lebens Otto von Bismarck: „Wenn ich die mehrfachen Minuten wahren Glücks zusammenzähle, so kommen wohl nicht mehr als vierundzwanzig Stunden im Ganzen heraus."

Frei und beweglich: Auto-mobil

Kann es ein größeres Glück geben als das Glück der Unabhängigkeit, das Abenteuer der Freiheit? Einsteigen, Gas geben, durchstarten. Jederzeit, überall, in die weiteste Ferne oder nur zu einer Spritztour in die nähere Umgebung. Mythos Mobilität – ein Mythos vom Glück im 20. Jahrhundert.

„Alles, was so viel Lustgewinn bereitet, ist normalerweise ungesetzlich. Boxster. Porsche pur.“ *Werbeanzeige der Firma Porsche*

Prinzip Hoffnung: Solange die Straßen frei sind und es Benzin gibt, parkt das Glück vor der Haustür, stellt das Auto ein Versprechen dar und zugleich das Mittel, es einzulösen. Wer sich kein Auto leisten kann oder freiwillig darauf verzichtet, gilt als Außenseiter, komischer Kauz, Aussteiger, wird aber insgeheim auch bewundert: für seine Kraft, sich der Faszination des ⇢ **Automobils** zu entziehen. Und beneidet: wegen der geheimen Glücksquellen, die sich solche Menschen ganz offensichtlich erschlossen haben; wie anders sollten sie imstande sein, auf „das größte Glück der größten Zahl“ (Jeremy Bentham) zu verzichten? Das Automobil ist der Deutschen liebstes Spielzeug und

1 Im Cabrio über Dolomitenpässe

2 Nostalgie in Chrom: US-Cars der 50er-Jahre

3 Auf der legendären Avus in Berlin

wird es aller Voraussicht nach auch noch eine Weile bleiben! Weder der drohende Verkehrsinfarkt, die jährlichen Verkehrstotenzahlen noch die Erhöhung der Energiesteuer können daran etwas ändern. Autos kauft man trotzdem, und zwar Jahr für Jahr mehr! Der Zweitwagen ist mittlerweile Normalität und die vierköpfige Familie mit drei Autos keine Seltenheit. Die Branche freut sich und boomt. Wer einmal die Internationale Automobilausstellung in Frankfurt am Main besucht hat, erlebt den Autowahn körpernah: hektisches Gedränge wie auf den Ausfallstraßen zur Zeit der Rushhour. Und die Vorfahrt beachtet auch keiner: Jeder drängelt, will schneller sein. Und in allen Augen dieses euphorische Leuchten beim Anblick der glänzenden Neuvorstellungen. Beim Lustobjekt Auto hat das Glück einen Namen: Ferrari, Porsche, BMW ...

Automobil
Als Mixtur aus griechischen und lateinischen Versatzstücken heißt „automobil" nichts anderes als „selbst beweglich". Welch irrationale Wunschvorstellung! Überhaupt feiert der Aberglaube beim Auto fröhliche Urständ: Da wird die Gefahr durch einen Talisman gebannt – vom verchromten Hufeisen am Kühler über die Christophorusmedaille am Armaturenbrett bis zu den Babyschuhen des Jüngsten, die am Rückspiegel baumeln. Und welcher Rennfahrer will schon mit der Startnummer 13 antreten?

Wer sich heute ein Auto zulegt, will alles auf einmal: Funmobil, Wunschmaschine, Sportgerät, Reiselimousine und Prestigeobjekt. Wo die Technik nicht weiterweiß, da hilft die Werbung nach und verspricht: „Nichts ist unmöglich!" In millionenteuren Filmspots wird Zukunft zur Gegenwart, Fantasie zur Realität. Da schießen mitten in New York Autos aus der Erde oder erklettern steilste Sprungschanzen, als gehöre dies zum normalen Testprogramm. Anderseits macht Autowerbung auch „in Familie" – Frauen und der Nachwuchs wollen angesprochen werden! So oder so: Verkauft wird ein Lebensgefühl, gekauft ein Image. Das Auto soll die eigene Persönlichkeit herausstreichen, soll sie vielleicht sogar stärken. Ein bisschen viel verlangt? Trotzdem: Gute Fahrt!

Der böse Blick

1

Wie mächtig doch ein einziger böser Blick sein kann! Unheil und Schaden fügt er zu, er macht krank und unfruchtbar, zerstört Hab und Gut und das Glück eines ganzen Lebens. Vor allem, wenn man an ihn glaubt.

Der italienische Diktator Benito Mussolini soll sich vor dem bösen Blick gefürchtet und etwa den spanischen König Alfons III., dem ein solcher nachgesagt wurde, vorsorglich gemieden haben; gewöhnlich klopfte er auf Eisen, um sich zu schützen. Eine andere Form der Abwehr praktizierte ein Politiker der Democrazia Cristina bei den Neuwahlen von 1987 im italienischen Parlament, als er die ⇢ **mano cornuta** zeigte. Offensichtlich mit Erfolg: Seine Partei gewann! Aber der Glaube an den bösen Blick ist keineswegs eine rein italienische Angelegenheit; er kennt keine Grenzen, weder räumliche noch zeitliche.

In den alten Kulturen weit verbreitet war der Glaube, dass durch die Augen das Wesen und die Kraft des Menschen wirken. Glasaugen von einem ägyptischen Sarkophag der Spätzeit

⇢ **Mano cornuta**
Die Kraft, den bösen Blick abzulenken, wird der „mano cornuta“ zugeschrieben, jener Geste, bei der man Zeigefinger und kleinen Finger wie Hörner aus der Faust vorstreckt. Ähnlichen Schutz verspricht eine kleine Hand aus Koralle („malocchio“) an der Halskette.

Als besonders gefährdet galt immer und überall, was den Neid anderer erregte. So versuchte man etwa schwangere Frauen, Neugeborene, aber auch Vieh und andere wertvolle Besitztümer vor fremden Blicken zu verbergen und mit Amuletten und Talismanen, Gesten und Ritualen vor Schaden zu bewahren. Die Praxis der – wohl meist grundlosen – Verdächtigungen wurde von dem berühmten mittel-

1 Kleine Glasaugen als Amulette werden heute in Reiseländern wie der Türkei oder Marokko als preiswerte Souvenirs angeboten.

2 Die Furcht vor dem bösen Blick der Hexen! Flugblatt des 16. Jh.s über eine Hexenverbrennung

alterlichen Kirchenlehrer Thomas von Aquin mit einer Theorie geadelt, die später die Scheiterhaufen der Hexenverfolgung in Brand setzen sollte: „Wenn also, wie am ehesten bei Altweibern eintritt, eine Seele sich heftig vor Bosheit erregt, wird ihr Blick giftig und schädlich, besonders für Kinder, ihr Körper ist ja zart und leicht eindrucksempfänglich. Möglich auch, dass ... die Böswilligkeit der Dämonen dazu mitwirkt, womit die wahrsagenden Altweiber irgendein Bündnis haben."

Dem Auge wurden immer auch positive magische Kräfte nachgesagt. So symbolisiert das Auge des ägyptischen Gottes Osiris beispielsweise Gesundheit, Tatkraft und Wiedergeburt. Und in der christlichen Kunst steht das Auge für die allwissende Gegenwart Gottes.

Überall auf der Welt hat man von jeher den Augen einen besonderen Stellenwert unter den Organen zugewiesen: Sie gelten als Spiegel der Seele. Durch sie kann das Gute wie das Böse von außen in den Menschen eindringen – sie senden es andererseits aber auch aus. Nach einem Grundsatz magischer Praxis, der Gleiches mit Gleichem bekämpft, waren Augen (zumeist aus Glas) beliebte Amulette gegen den bösen Blick: Das Amulettauge fängt den bösen Blick auf, wirft ihn zurück und macht ihn somit unschädlich.

Das Glück auf der **Couch**

„Den Lebenszweck setzt das Lustprinzip." Nicht zuletzt wegen dieser Behauptung wurde Sigmund Freud (1856 – 1939) heftig angegriffen. Der Gestaltpsychologe Felix Krueger nannte ihn einen „Lustlümmel", der Medizinalrat Wilhelm Weygand verwies seine Theorien gar an die Polizei: „Seine Behandlung ist ... wie eine Massage der Geschlechtsorgane."

Jahr für Jahr legen sich, hauptsächlich in Amerika und Europa, Millionen Menschen auf die Couch. Jahr für Jahr investieren Millionen Menschen Zeit, Kraft und Geld in die Suche nach neuen Glück verheißenden Psychotherapien: vom kollektiven Urschrei-Happening bis zum Nacktmarathon, von der hypnotischen Reinkarnations- bis zur rhythmischen Bewegungstherapie. Glück ist in – und eine Ware, die man kaufen will. Angeboten wird alles, wonach der Markt verlangt, und noch einiges darüber hinaus. Der Glaube an die Machbarkeit des Glücks ist geradezu grenzenlos.

Angefangen hat alles, allerdings ganz anders, in Wien, genauer gesagt in der Berggasse, wo der aus Mähren stammende jüdische Nervenarzt Sigmund Freud 1891 eine Praxis eröffnete – und in den Folgejahren gemeinsam mit seinen Patienten einen neuen Kontinent entdeckte: das weite Land der Seele, das Unbewusste. Seine Lehre hat das Bild, das sich der Mensch von sich selbst macht, grundlegend revolutioniert, auch wenn das mancher nicht wahrhaben will. Dabei kam auch das Glück nicht ungeschoren davon; denn „die Absicht, dass der Mensch glücklich sei, ist im Plan der Schöpfung nicht enthalten". Wir hören und staunen und wollen doch nicht ganz begreifen: das Glück nur eine Illusion, ein schillerndes Produkt unserer Einbildungskraft? „Was im strengsten Sinn Glück heißt", schreibt Freud, „entspringt der eher plötzlichen Befriedigung hoch aufgestauter Bedürfnisse und ist seiner Natur nach nur als episodisches Phänomen möglich." Glück gibt es also doch – als hätten wir es nicht

„Jede Fortdauer einer vom Lustprinzip ersehnten Situation ergibt nur ein Gefühl von lauem Behagen; wir sind so eingerichtet, dass wir nur den Kontrast intensiv genießen können, den Zustand nur sehr wenig."
Sigmund Freud

Realitätsprinzip
Zum Glück sorgt die Außenwelt dafür, dass die Glücksansprüche nicht ausufern. Denn in der ständigen Konfrontation mit den eigenen Grenzen und denen der anderen wird aus dem triebhaften „kindlichen" Lust- das vernünftige „erwachsene" Realitätsprinzip.

gewusst –, nur währt es nicht ewig. Umso höher wird man dieses episodische Phänomen, sollte es tatsächlich einmal eintreffen, schätzen und sich ansonsten dem ⇢ **Realitätsprinzip** unterordnen.

War Freud glücklich? Ein Pionier wie er hat es nicht leicht im Leben. Aber trotz schmerzhafter Rückschläge beharrte er fast trotzig darauf, vom Schicksal begünstigt zu sein; dafür stand seiner Ansicht nach schon sein symbolträchtiger Name. Typisch Freud eben! Als er starb, gezeichnet von schwerer Krankheit, doch nicht entmutigt, von den Nationalsozialisten aus seinem geliebten Wien ins Londoner Exil gezwungen, lag ein erfülltes Leben hinter ihm. Ein Patentrezept fürs Glück hat der glückliche Familienvater freilich nicht hinterlassen: „Es gibt hier keinen Rat, der für alle taugt; ein jeder muss selbst versuchen, auf welche besondere Fasson er glücklich werden kann."

1

2

1 Freuds Behandlungszimmer in Wien, rekonstruiert nach den Angaben seiner Tochter Anna

2 Ein „Stadtneurotiker" sucht auf der Couch nach dem Glück: Filmszene mit Woody Allen

Drück mir die **Daumen**

In Thüringen war einst die etwas andere Art des Daumendrückens gebräuchlich: Wer sich der Treue seines Ehegatten oder Eheweibs nicht sicher war, griff nachts nach dessen Hand. Man glaubte nämlich, einem Menschen, dessen Daumen man im Schlaf festhielt, alle Geheimnisse entlocken zu können.

Der Daumen ist nicht nur der kürzeste und stärkste Finger der Hand, sondern dank seiner „Oppositionsbeweglichkeit" gegenüber den anderen, entwicklungsgeschichtlich älteren Fingern auch eine entscheidende Voraussetzung dafür, dass wir „das Glück beim Schopf packen" und „nach den Sternen greifen können". Wir gebrauchen ihn ständig, auch für die einfachsten Verrichtungen. Erst durch den Daumen wurde die Hand „das Werkzeug der Werkzeuge" (Aristoteles). Aufgrund seiner Unentbehrlichkeit weisen wir dem Daumen wohl auch den hohen Symbolcharakter zu. Und so wird auch in der Kunst, aus der Hand die typischen Charakterzüge eines Menschen zu lesen, dem Daumen große Bedeutung zugewiesen: Er gilt als Sinnbild der Willenskraft und Lebensenergie, auch weist er auf triebhafte Elemente hin, da er der „geerdeten" unteren Sphäre der Hand entwächst.

„Man könnte fast sagen, die Hände können sprechen! Benutzen wir sie nicht, um zu verlangen, zu versprechen, herbeizurufen, zu verabschieden, zu drohen, zu flehen, Widerwillen oder Furcht auszudrücken, zu bitten oder zu versagen?"
Quintilian

Seit alter Zeit ist der Daumen – wie die Hand überhaupt – ein Symbol für Macht, aber auch für die Übertragung von Macht. Der abwärts gerichtete Daumen des römischen Imperators verhieß dem unterlegenen Gladiator nach dem Kampf in der Arena den Tod durch die Hand des Kontrahenten, dem dadurch gewissermaßen ein Stück der kaiserlichen Macht abgetreten wurde. Fromme Christen erkannten im Daumen der erhobenen Hand Gott höchstselbst, weniger Fromme streckten ihn bei geschlossener Hand zwischen Mittel- und Zeigefinger hindurch und suchten sich damit gegen den bösen Blick zu wehren. Aus dieser „Feige" oder → **Fica-Geste,** die in Südeuropa seit der Antike

„Kaiser Nero im Circus“: Todesurteil für den unterlegenen Gladiator! Holzstich, koloriert, um 1900

Form und Größe des Daumens spielen in der Kunst des Handlesens eine wichtige Rolle. Lithographie von 1860

Fica-Geste
Auch obszöne Aufforderung zum Geschlechtsverkehr, abgeleitet vom italienischen Vulgärausdruck für die weibliche Scham bzw. die Frucht der Feige

gebräuchlich ist, ist wahrscheinlich auch der Brauch des Daumendrückens entstanden. Das Glück soll „gezwungen“, das Unglück dagegen fest eingeschlossen werden, auf dass es nicht entkommen und die Pläne des anderen durchkreuzen kann. Die Engländer drücken übrigens nicht die Daumen, wenn sie jemandem bei Wettkämpfen oder anderer Gelegenheit Erfolg wünschen: Sie kreuzen die Finger – „keep one’s fingers crossed“ –, legen also den gestreckten Mittelfinger über den Zeigefinger.

Zurück nach Deutschland und ins Mittelalter. Damals glaubte man, dass nicht nur das Drücken des eigenen, sondern auch der Besitz eines fremden Daumens Glück bringen würde. Wer den Daumen eines Gehenkten, vorzugsweise den eines erhängten Diebs, sein Eigen nannte, dem werde das Bier nicht sauer, hieß es. Vor allem die um ihr Geschäft bangenden Wirte gaben viel für einen solchen Talisman: Ins Bier- oder Weinfass gelegt, sorgte er für einen nie versiegenden Zustrom von Gästen. Prost Mahlzeit!

Kleine **Drachenkunde**

1

Drachen können einem das Leben zur Hölle machen: Sie sind Furcht erregende, oft mehrköpfige Geschöpfe, Mischwesen aus Vogel, Schlange, Echse und Löwe, stehen immer im Weg, fauchen bedrohlich und spucken zu allem Überfluss auch noch Feuer. Man muss sie töten, um mit ihnen fertig zu werden – oder sich von ihnen scheiden lassen, wenn es sich um die Sorte der gemeinen ···> **Hausdrachen** handelt. Hat man sie aber besiegt, winkt das Glück!

···> **Hausdrachen**
Gegen den „feurigen Hausdrachen“, der vor allem in ostdeutschen und slawischen Sagen eine große Rolle spielt, hätte sicher keine Familie etwas einzuwenden. Er gehört nämlich zu den eher friedlichen Vertretern seiner Art und ist so schreckhaft, dass er auf Zuruf („schütte, schütte!“) alle seine Schätze fallen lässt.

Europas Mythen, Sagen und Legenden sind voll von Drachen und Drachentötern. Zeus, Apollon, Siegfried, der heilige Georg, der Erzengel Michael, sie alle traten gegen Drachen an – um eine Jungfrau zu retten, ein Königreich zu gewinnen oder den Krallen des Ungeheuers einen Schatz zu entreißen. Zwar sind Drachen in unterschiedlicher Gestalt überliefert – als furchterregende Mischwesen aus Echse, Schlange, Vogel, sogar Löwe –, aber immer verkörpern sie das Böse, das es zu überwinden gilt. Des Drachen Tod ist notwendig, damit das Licht der neuen Zeit die alten Mächte der Finsternis besiegen und sich die Glücksverheißung erfüllen kann. Je härter und gefährlicher der Kampf, desto herrlicher fällt die Belohnung aus.

Im Gegensatz dazu wurden Drachen in China als Dämonen abwehrende Glücksbringer verehrt. Buddhisten identifizieren den Drachen mit der flammenden „Perle (der Vollkommenheit), die alle Wünsche erfüllt“: Weisheit, Erleuchtung, Fruchtbarkeit. In speziellen Tempeln opfert man seit uralten Zeiten dem Regen spendenden Drachengott. Und noch die knallbunten Drachenbootrennen der Gegenwart,

Volksfeste eher als sportliche Veranstaltungen, gehen auf Wettfahrten drachenförmiger Boote zurück, die ursprünglich im Rahmen eines Opferfestes für den Drachen veranstaltet wurden. Magie spielt auch heute noch eine Rolle: Vor jedem Rennen hauchen Taopriester den holzgeschnitzten Drachenköpfen Leben ein, indem sie ihnen Pupillen einsetzen. Diese werden, wenn der Wettkampf vorüber ist, wieder beseitigt – damit der Drache in Ruhe schlafen kann.

Ein wenig von dieser Begeisterung für Glücksdrachen ist freilich auch nach Europa gedrungen: 1632 ließ ein gewisser Daniel Schwendter von einem Kirchturm in Süddeutschland aus den ersten „deutschen" Luftdrachen steigen, um böse Geister zu vertreiben. Sein Beispiel hat Schule gemacht: Wenn jedes Jahr im September im Ostseebad Kamp eines der größten Drachenfeste der Welt „steigt", verdunkeln Hunderte von Glücksdrachen den Himmel. Nicht nur Kinder bekommen dann glänzende Augen. Drachenglück!

> „Und er ergriff den Drachen, die alte Schlange, das ist der Teufel und der Satan, und fesselte ihn für tausend Jahre."
> *Offenbarung des Johannes 20,2*

2

3

1 Der goldene Drache, das Symbol der chinesischen Kaiser

2 Siegfried im Kampf mit dem Drachen

3 Geisterbahn-Drache

Verflixte **Dreizehn**

Durch simple Addition einer Eins wird die weithin geschätzte Zwölf – das runde Dutzend – zur berüchtigten Unglückszahl 13, und aus einer harmlosen mathematischen Größe wird dadurch ein veritables Problem, das geradewegs ins Unglück führen kann.

13 Gäste dürfen es auf keinen Fall sein, da muss jemand zusätzlich eingeladen werden – einen ausladen geht nicht: Man weiß ja, was Dornröschen widerfuhr! Sie wollen in das 13. Stockwerk? Wundern Sie sich nicht, wenn Sie diese Etage auf der Liftanzeige nicht finden. Und auf einem Zimmer mit der Nummer 13 würden Sie in so manchem Hotel vergebens bestehen. Die Stadt Jena verbot im 19. Jahrhundert sogar die Verwendung der 13 als Hausnummer. Wer es im Märchen wagt, die 13. Tür zu öffnen, wird für seine Neugier fast immer bestraft. Und am Freitag, den 13., beschleicht auch den größten Vernunftapostel ein mulmiges Gefühl. Apropos Apostel: Hätte Jesus statt der zwölf 13 Jünger um sich geschart,

1 Die Lottofee mit der Unglückszahl

2 Die „vollkommene" Zahl Zwölf findet sich auch beim „Abendmahl". Fresko von Giotto, entstanden um 1300

würde heute wohl die 14 als Unglückszahl gefürchtet. So aber wurde der 13. in der Runde zum Verräter und die Zahl zur Teufelszahl! Natürlich ist das nicht die ganze Wahrheit. Wie die ebenfalls schlecht beleumundete Elf verweigert sich die 13 dem alten ⇢ **Duodezimalsystem.** Und wer aus dem System ausschert, der stellt sich bekanntlich ins Abseits. „Elf ist die Sünde. Elf überschreitet die Zehn Gebote“, lässt Schiller in seinem „Wallenstein“ den Astrologen Seni sagen. Und die Elf unterschreitet die Zwölf, die doch als Symbol der Vollkommenheit und Vollständigkeit gilt! Während alle anderen Zahlen wenigstens eine gute Seite haben, ist der Elf „keinerlei Verdienst“ zuzuschreiben (Petrus Bungus).

Duodezimalsystem
Älter als unser Dezimalsystem ist das dodekanische oder Duodezimalsystem, das auf der Grundzahl Zwölf basiert: Zwölf Monate hat das Jahr, zwölf Zeichen der Tierkreis, zweimal zwölf Stunden der Tag. Auch das Dutzend als Maßeinheit geht darauf zurück.

Nicht immer und überall fürchtete man die 13: Mayas und Azteken verehrten sie als ausgesprochene Glückszahl. Sie kannten 13 Himmel, die von 13 Göttern beherrscht wurden, teilten ihren Kalender in 13 Monate à 20 Tage ein und sahen ganz allgemein in der 13 ein Symbol des Lebens, der Sonne und des Männlichen. Diesen positiven Blick teilt auch das Judentum: Nach talmudischer Lehre erwarten den Frommen im Paradies 13 himmlische Quellen, 13 Tore der Gnade und 13 Ströme von Balsam; der jüdische Knabe erreicht mit 13 Jahren den Rang eines Bar Mitzwa und somit die religiöse Volljährigkeit. Der französische König Ludwig XIII. erkor sich die 13 gar zu seiner Lieblingszahl und heiratete, selbst 14-jährig, die 13-jährige Anna von Österreich. In den USA gilt die 13 heute als Glückszahl, allerdings nicht überall: Auf dem National Airport von Washington (D. C.) gibt es keinen Flugsteig 13!

Edelsteine – *Magneten des Glücks*

1

Unzählige Millionen Jahre ruhten sie in den Tiefen der Erde, vom Druck ungeheurer Gesteinsmassen gehärtet. Vor 5000 Jahren hat der Mensch ihre geheimnisvolle Schönheit entdeckt, seither bezaubern ihn ihr Glanz und ihr Feuer. Zunächst hatten sie hauptsächlich magische Bedeutung, später schmückten Diamanten, Saphire, Smaragde und all die anderen ···› **Edelsteine** Ringe, Halsketten und Armreifen, Prunkrüstungen, Kronen und Diademe. Weil ihr Anblick Genuss bereitet, weil sie selten und deshalb wertvoll sind.

Edelsteine sind ungemein „kapriziöse" Mineralien. Ihre wohltuende Wirkung entfalteten sie nach Ansicht der Alten nur, wenn das Band der Sympathie, das Menschen, Steine und Planeten miteinander verbindet, intakt ist. Babylonier und Ägypter waren die Ersten, die Edelsteine als Amulette und Talismane einsetzten und um das prekäre „Gleichgewicht des Glücks" wussten. Mit Juden und Mauren gelangte ihr Wissen nach Europa, wo es Teil des alchemistischen Wissens wurde. Wer im Mittelalter erfahren wollte, welcher Stein für welchen Zweck der Richtige war, schlug in speziellen „Steinbüchern" (Lapidarien) nach. Sie enthielten eine detaillierte Aufstellung sämtlicher Edelsteine und ihrer Eigenschaften und schrieben darüber hinaus vor, worauf bei Bearbeitung und Benutzung der Glücksbringer zu achten sei. Wichtigste Regel: Jeder Stein musste auf Temperament und Horoskop seines Trägers abgestimmt sein.

Mit dem Diamanten, dem härtesten und kostbarsten Edelstein, befasste sich Sir John de Mandeville, ein

···› **Edelsteine**
Früher wurden die zu Schmuckzwecken verwendeten Mineralien meist in zwei Gruppen unterteilt: die klaren, harten und zum Teil sehr seltenen Edelsteine im engeren Sinn, und die trüberen, weniger widerstandsfähigen und auch weniger kostbaren Halbedelsteine. Da diese Abgrenzung sich jedoch als äußerst schwierig erwies, werden heute beide Gruppen meist unter dem Begriff „Edel- oder Schmuckstein" zusammengefasst.

Der mit 530,2 Karat größte geschliffene Diamant der Erde, genannt Cullinan I, schmückt das Zepter der britischen Monarchen. Er ist der reinste und größte der insgesamt 105 Teile, in die der berühmte Cullinan zerlegt wurde, der mit über 3106 Karat größte jemals gefundene Diamant.

Der Stein, der einer Farbe ihren Namen gab: Türkis

In Gestein eingeschlossene Rubine

Göttin Hathor aus sonnenfarbenem Karneol. Amulett, Ägypten, um 1400 v. Chr.

„Bestsellerautor" des 14. Jahrhunderts: „Der Diamant ... verliert seine magische Kraft, wenn er von unmoralischen, bösen Menschen berührt wird; denn der Diamant ist ein Symbol der Reinheit und ein Schutz gegen alles Übel, aber er darf nicht durch unsaubere Machenschaften erworben worden sein. Ein gestohlener Diamant wird seinem Träger Unglück über Unglück bringen."

Theorie und Praxis der Monatssteine fußen auf der babylonischen Astrologie, die vermutlich den zwölf Tierkreiszeichen zwölf Edelsteine zuordnete. Heute gilt, mit Januar beginnend, folgende Reihenfolge: Hyazinth, Amethyst, Jaspis, Diamant und Saphir, Smaragd und Chalcedon, Alexandrit, Rubin, Sardonyx, Saphir, Opal und Tumalin sowie Beryll, Topas, Türkis und Zirkon.

Ein ungewöhnlich starker „Magnet des Unglücks" soll der bläulich schimmernde „Hope-Diamant" gewesen sein, der Mitte des 16. Jahrhunderts aus Indien nach Venedig kam, wo postwendend die Pest ausbrach. Wer immer ihn später in Besitz nahm – schöne Frauen wie Frankreichs unglückliche Königin Maire Antoinette, türkische Sultane und spanische Diplomaten, griechische Händler und amerikanische Bankiers – starb eines unnatürlichen Todes oder verfiel dem Wahnsinn. Dass Diamanten auch Glück bringen können, zeigt das Beispiel Königin Isabellas II. von Spanien. Ihr rettete ein Diamant buchstäblich das Leben, als der Dolch eines Attentäters an dem „Glücksstein" abglitt. Allerdings konnte er nicht verhindern, dass sie 1868 gestürzt und vertrieben wurde.

Szenen einer **Ehe**

„Die Ehe ist kein Fertighaus, sondern ein Gebäude, an dem ständig konstruiert und repariert werden muss.“
Jean Gabin

Die beiden waren miteinander alt geworden, lebten in einer Hütte, zufrieden mit sich und der Welt. Da kamen eines Tages zwei Götter daher, Jupiter und Merkur. Sie hatten sich als einfache Wanderer verkleidet, und kein Mensch wollte sie aufnehmen. Mit Ausnahme unseres glücklichen alten Ehepaars Philemon und Baucis. Zur Belohnung für ihre Gastfreundschaft hatten sie bei den Göttern einen Wunsch frei. Philemon und Baucis mussten nicht lange überlegen: Zur gleichen Zeit sterben wollten sie! Denn ein Leben ohne den anderen war nicht mehr denkbar. Diese schöne Geschichte über das Eheglück hat der römische Dichter Ovid erzählt, es ist eine alte Geschichte, so alt wie der Wunsch nach der unendlichen, immer währenden Zweisamkeit. „Es ist nicht gut, dass der Mensch allein ist“, heißt es im Alten Testament. Und so wurde die Ehe geschaffen, eine Institution, die die Jahrtausende überdauerte, so stabil, wie sich jedes Brautpaar die gemeinsame Zukunft wünscht.

Mit den Zeiten hat sich natürlich auch das eheliche Zusammenleben verändert, heute „wird“ man nicht mehr verheiratet, Mann und Frau sind gleichberechtigte Partner, die Rechte und Pflichten gleichmäßig verteilen. Und nicht immer ist die Ehe tatsächlich ein Bund fürs Leben.

„Wenn einer ein Madel sitzen lasst, so sagt man, er hats unglücklich gemacht; wenn einer ein Madel heiratet, so sagt man, er hats glücklich gemacht.“
Johann Nestroy

Vom Wandel beinahe unberührt blieben jedoch die Rituale und Bräuche rund um die Eheschließung: Nach wie vor werden Ringe als Zeichen der Unendlichkeit gewechselt. Nach wie vor wird das Hochzeitspaar mit Reis, Getreidekörnern oder Blumen – allesamt Symbole der Fruchtbarkeit – beworfen. Und

1

2

3

1 Brautpaar vor der Kirche Santa Maria del Mar in Barcelona

2 Wie schön, wenn man lange miteinander glücklich sein darf!

3 Goldene Eheringe, Symbole von Dauer und Stabilität

⇒ „Die Ehe ist und bleibt die wichtigste Entdeckungsreise, die der Mensch unternehmen kann."
Søren Kierkegaard

noch immer gehen Brautführer und Brautjungfern prächtig ausstaffiert voran, um die Aufmerksamkeit der Dämonen auf sich zu ziehen und von dem jungen Glück abzulenken. Apropos böse Geister: Die lauern mit Vorliebe unter Türschwellen, und so tut der Bräutigam auch heute noch gut daran, seine Braut wenigstens beim Einzug in das neue Heim auf Händen zu tragen.

Epikur – *das Glück im Garten*

Kein Philosoph vor ihm hat so radikal und konsequent über die Lust nachgedacht, sie sogar ins Zentrum seiner Philosophie gestellt wie der Grieche Epikur (341–271 v. Chr.). Damit schuf er sich nicht nur Freunde. Man denunziert ihn sogar als Verfasser pornographischer Briefe an Freudenmädchen, die unter seinem Namen von einem intriganten ⇢ **Stoiker** in Umlauf gesetzt wurden.

Immer wieder warf man Epikurs Lehre in einen Topf mit dem ⇢ **Hedonismus**, der über die Jahrtausende hinweg bei allen aufrechten Moralisten lebhafteste Verachtung provozierte – und das noch heute tut. Dabei hat sich Epikur doch deutlich davon abgesetzt: „Wenn wir also behaupten, die Lust sei das Endziel, so meinen wir nicht die Lüste der Schlemmer und diejenigen, die auf dem Genuss beruhen, wie manche Unwissende, Anders-

⇢ **Stoiker**
Im harten Wettbewerb der philosophischen Schulen waren die Stoiker in Athen Epikurs unmittelbare Konkurrenten. Auch ihnen ging es um das Glück: Doch setzten sie nicht auf Lust und maßvolle Selbstbeherrschung, sondern auf die Tugend und die Abtötung der Begierden als Königsweg zum Glück.

Noch Jahrhunderte nach seinem Tod wurde Epikur verfemt – und verehrt: Die Büste ist eine römische Kopie (2. Jh.) des griechischen Originals.

1 Das Glück als „Meeresstille“ des Gemüts: attische Landschaft

2 „Zähmung Epikurs durch die Tugend der Mäßigung“, italienische Buchmalerei des 13. Jh.s

denkende oder Böswillige glauben, sondern das Freisein von körperlichem Schmerz und seelischer Unruhe.“ Epikur ging es nicht um „Spaßkultur“. Sein höchstes Ziel war die Unerschütterlichkeit, die Seelenruhe (griechisch „Ataraxie“), ein Zustand, den er mit der glatten Meeresoberfläche bei Windstille verglich. Um ihn zu erreichen, heißt es allerdings auch: Verzicht üben. Verzicht auf das schnelle Glück, auf spontane Triebbefriedigung und schädliche Genüsse. Epikur plädierte für maßvolle Zurückhaltung, die Freiheit von Furcht und Schmerz, für Gerechtigkeit und Freundschaft, ohne die ein lustvolles Leben nicht erreichbar sei. Beste Voraussetzungen für das Glück biete auch ein zurückgezogenes Leben.

Seinen persönlichen Rückzugsort fand Epikur hinter hohen Mauern, in einem Garten vor den Toren Athens, in der philosophierenden Gemeinschaft seiner Freunde und Schüler, zu denen auch Frauen und Sklaven gehörten. Über dem Eingang zu Epikurs Garten soll folgender Spruch zu lesen gewesen sein: „Freund, das ist ein guter Ort: Hier wird nichts mehr verehrt als das Glück.“

Hedonismus
Dauerurlaub in Designerklamotten, vom Fitnessstudio in den Fresstempel. Derlei Klischees verbinden sich heute mit „Hedonismus“ (von griech. „hēdonḗ“, Lust). Dabei ist Vergnügen als Ziel menschlichen Strebens ein alter Hut: Immerhin hat schon der griechische Ethiker Aristippos (435–366 v. Chr.) gesagt, dass alles gut sei, was Lust bereite.

Erdbeben *und andere Vorzeichen*

„Achterley unglück ein Comet / Bedeut, wann er am Himmel steht: / Gross wind, gewessr, unfruchtbarkeit, / Pestilenzisch seuch und grossn neid, / Erdbeben und eins Fürsten end, / Darzu endrung im Regiment."
Anonyme Barockdichtung

Wenn der Himmel sich verdunkelt, wenn Wolken aufziehen, Blitz und Donner sich entladen, wenn die Erde bebt, Sturmböen über das Land fegen und Flüsse über die Ufer treten, dann ist die Stunde der Propheten und Zeichendeuter gekommen. Aus normabweichenden Naturereignissen und Katastrophen schließen sie auf die Zukunft der Welt, das Erscheinen des Messias oder die bevorstehende Apokalypse und rufen zur Einkehr auf.

Von jeher haben extreme Naturerscheinungen – Sonnen- und Mondfinsternisse, Kometen, Sternschnuppen, Blitz, Hagel und Donner, aber auch Sturmfluten, Überschwemmungen, Erdbeben und Vulkanausbrüche – die Menschen in Furcht versetzt und sie zu Deutungen herausgefordert! ⇢ **Kometen** kündigten in der Antike bedeutende Ereignisse an: die Niederlage der Spartaner bei Leuktra, den Tod der römischen Herrscher Augustus, Nero und Vespasian, oder sie brachten sie selbst hervor: Trockenheit, Überschwemmungen, Stürme. Aus Angst vor den unheilvollen Folgen einer Kometenerscheinung verbot die österreichische Regierung noch Ende des 17. Jahrhunderts den Wienern jede Art von Vergnügungen, einschließlich nächtlicher Schlittenfahrten, und alles „ruchlose und üppige Wesen".

⇢ **Kometen**
Obwohl Kometen im Volksglauben meist als Boten kommenden Unheils gesehen werden, gelten Sternschnuppen – für den Naturwissenschaftler eine „Zerfallserscheinung" des Kometen – als willkommene Glücksbringer: Wer Sternschnuppen sieht, darf sich etwas wünschen. Aber den Wunsch nicht verraten, sonst geht, er nicht in Erfüllung!

Erdbeben gehörten von jeher zu den unheilvollsten, Kriege und Weltuntergang anzeigenden Vorzeichen – weil sie von einer Sekunde auf die andere den „festen Boden unter den Füßen" zum Schwanken bringen und dadurch das Vertrauen in die Zukunft erschüttern. Als am Morgen des Allerheiligentags, am Samstag, dem 1. November

Flugblatt über das „ganz erschröckliche“ Erdbeben von Lissabon im Jahr 1755

Glücksbote: „Der Stern von Bethlehem“, Frederick Leighton, 1862

Zutiefst erschüttert zeigte sich der französische Philosoph Voltaire von dem Erdbeben in Lissabon: „Die Kinder! An der Mutterbrust zermalmt, verblutet, / worin denn haben sie gefehlt, was haben sie verschuldet? / Besaß denn Lissabon, das nicht mehr ist, mehr Laster / als London, als Paris, die beide im Vergnügen schwelgen? / Zerstört ist Lissabon – und in Paris ist Ball.“

1755, der erste von drei Erdstößen Lissabon erschütterte, brach mit den Kirchen, Häusern und Palästen der 275 000 Einwohner zählenden Stadt auch der grenzenlose Optimismus der Aufklärung zusammen.

Eine schreckliche Feuersbrunst und drei sieben Meter hohe Flutwellen folgten dem Beben. Danach standen von den ursprünglich 20 000 Häusern nur noch 3000; 60 000 Einwohner waren tot, verschüttet, verbrannt oder ertrunken. Wer glaubte da noch einem Gottfried Wilhelm Leibniz, der behauptet hatte, in der „besten aller Welten“ zu leben? Diese Welt lag nun in Trümmern und mit ihr der Glaube an ein Glück, das auf Verdienst, Frömmigkeit und Wohlverhalten beruht. Die Naturkatastrophe löste eine gesamteuropäische Gemütserschütterung, eine veritable Ideologiekrise aus: Worauf sollte man das Glück bauen, wenn sich bereits im nächsten Augenblick die Erde öffnen und alles verschlingen konnte? Woran sollte man noch glauben, wenn Gott den Tod unschuldiger Kinder und die Zerstörung so vieler Kirchen zuließ, die Bordellstraße aber verschonte? Europa wusste keine Antwort.

Feste, *Feiern, Feten*

Man muss die ⇢ **Feste** feiern, wie sie fallen, lautet ein bekanntes Sprichwort. Ein Ökonom würde es vielleicht so sagen: Feste sind ein knappes Gut, die Nachfrage ist entsprechend hoch. Gewiss, es gibt ausgesprochene Festmuffel, doch stellen sie die Ausnahme dar, die zu jeder Regel gehört. Der Durchschnittsmensch ist ein feierndes, ein „festliches" Lebewesen. „Weder Sterne, Meere, Steine, Feuersbrünste noch Pflanzen noch Tiere feiern Feste", konstatiert der Philosoph Odo Marquard. Nur Menschen tun es – und sind gemeinsam glücklich für Stunden.

⇢ **Feste**
Lateinische Wurzeln haben sowohl das deutsche Wort „Fest" – von „festum", Feiertag – wie auch das Wort „Feier": „feriae" bedeutet arbeitsfreier, geheiligter Tag, Festtag. Festtage sind in gewisser Weise auch die arbeits-, weil schulfreien Ferien.

Feste, Feiern, Feten – wie alles andere, so hat sich auch die Festkultur im Lauf der Geschichte erheblich verändert. Es war ein langer Weg von den römischen ⇢ **Saturnalien** bis zum Münchner Oktoberfest, von den Kampfspielen der Antike über die verschwenderischen Inszenierungen des Barock bis zum Techno-Happening in Berlin. Und doch ist das Wesentliche über die Zeiten hinweg gleich geblieben: der Ausnahmecharakter des Festes.

An die Traditionen einer Festkultur, die sich in dieser Üppigkeit nur eine reiche Handelsstadt leisten konnte, knüpft der venezianische Karneval mit seinen prächtigen Masken an.

Sonnwendfeier an den Externsteinen im östlichen Teutoburger Wald

Das Münchner Oktoberfest, größtes Volksfest der Welt

Saturnalien
Die Saturnalien waren das Fest des Saturn, der als Gott des Ackerbaus und Herrscher des goldenen Zeitalters hohe Verehrung genoss. Sie wurden ursprünglich am 17. Dezember gefeiert, später auf mehrere Tage ausgedehnt. Im Mittelpunkt stand ein großes Gelage auf Staatskosten. Das Besondere: Alle Standesunterschiede waren aufgehoben, Herren bedienten ihre Sklaven!

Feste unterbrechen den Rhythmus des Alltags und gewähren dem Feiernden die Möglichkeit zu Überschwang und ausgelassener Freude. Das eigene Ich erscheint seltsam verwandelt, leicht, unbeschwert und von jeder Verantwortung freigesprochen. In dieser heiteren Verantwortungslosigkeit liegt – neben dem Glück lustvoll genossener Gemeinschaft – das Wesen des Festes beschlossen, aber auch seine Gefährlichkeit für „Zucht und Ordnung“. Tatsächlich haben Kirche und Obrigkeit immer ein misstrauisches Auge auf alle Arten volkstümlicher Belustigung geworfen, ganz besonders aber auf den Karneval, „der gottlosen welt gröbstes und höchstes fest“. Was sich heute größtenteil in manierlichen Büttenreden und harmlosen „Faschingsflirts“ erschöpft, präsentierte sich noch vor gar nicht allzu langer Zeit als höchst orgiastische Veranstaltung, bei der fast alles erlaubt war: Bevor man sich in der Fastenzeit nach strengen Regeln auf Ostern vorbereitete, durften in der verkehrten Welt des Karnevals noch einmal sämtliche Tabus gebrochen werden.

Flow – *durchströmt vom Glück*

„Um glücklich zu sein, reicht es nicht, ein Leben voll exzellenter Leistungen zu führen. ... glücklich sind wir, während wir etwas tun, das unsere Fähigkeiten erweitert und uns dabei hilft, uns weiterzuentwickeln und unser Potenzial auszuschöpfen. Die Lebensqualität hängt nicht allein von Glücksgefühlen ab, sondern auch davon, was man für sein Glück tut."
Mihaly Csikszentmihalyi

Ein Kind schichtet seine bunten Holzklötzchen zum hohen Turm aufeinander. Eine Schwimmerin zieht kraftvoll ihre Bahnen. Zwei Freunde reinigen den zerlegten Motor ihres Oldtimers. Fühlen, Denken, Wollen und Handeln sind für kostbare Augenblicke im Einklang, die Welt versinkt, Sorgen sind vergessen. Wir gehen ganz in unserer Tätigkeit auf. Wir sind glücklich. Das ist Flow!

In der Regel entsteht dieses „Fließerlebnis" (englisch „flow" heißt „fließen"), wenn wir unsere Fähigkeiten voll einsetzen und die Herausforderung gerade noch zu bewältigen ist. Wobei nicht unbedingt das Ergebnis im Vordergrund steht, sondern der Weg dorthin. Flow haben die Menschen schon immer erfahren, aber der ungarisch-amerikanische Psychologe Mihaly Csikszentmihalyi hat dem Phänomen einen Namen gegeben und es gründlich erforscht. Weil er wissen wollte, wobei Menschen große Freude empfinden, ließ er in den 80er-Jahren

1 Meditation – jenseits von Zeit und Raum

2 Glückserlebnisse durch körperliche Anstrengung

Tausende von Testpersonen jeweils eine Woche lang ein elektronisches Gerät tragen; immer wenn es – in unregelmäßigen, nicht kontrollierbaren Abständen – summte, musste die Testperson aufschreiben, womit sie gerade beschäftigt war und wie sie sich dabei fühlte. So erfuhr Csikszentmihalyi, in welchen Situationen die Testperson angeregt oder gelangweilt, zufrieden oder verärgert war.

Das Ergebnis: Nicht das Nichtstun macht glücklich, sondern die körperliche und geistige Aktivität. Umso erstaunlicher, dass sich die Menschen in ihrer Freizeit, also wenn sie tatsächlich die Wahl haben, am häufigsten für das Fernsehen entscheiden, das zu Passivität verdammt und somit gar nicht wirklich glücklich machen kann! Die verschiedensten Situationen können die Flow-Erfahrung auslösen: Sport, Spiel, Hobbys, Arbeit, Kommunikation mit anderen. Meistens sind es Tätigkeiten, die Konzentration und Hingabe erfordern; was uns zu leicht fällt, macht also nicht glücklich! Und veranlasst unser Gehirn nicht dazu, jene Glücksmoleküle auszuschütten, auf denen das Flow-Erlebnis beruht. Körpereigene chemische Stoffe sind für das Zustandekommen glücklicher oder trauriger Empfindungen, für Hochgefühle und Stimmungstiefs verantwortlich. Die ⇢ **Neurotransmitter** geben die Informationen aus den Nervenzellen weiter. Zu den bekanntesten Neurotransmittern gehören die Endorphine. Für reine Freude ist im Lustzentrum des Gehirns das Dopamin zuständig: Ein Kuss, eine Umarmung oder der Anblick einer Tafel Schokolade führen zu einer kleinen Dopamin-Explosion, die das Glück freisetzt.

Neurotransmitter
In der Hirnforschung ist die Entdeckung und Erforschung des Zusammenwirkens von Neurotransmittern zu einem zentralen Gebiet geworden. Denn ohne diese vom Gehirn ausgeschütteten Botenstoffe würde in unserem Körper im wahrsten Sinn des Wortes gar nichts ablaufen: Sie sorgen dafür, dass Erregung von einer Nervenzelle in die nachgeschaltete Nerven-, Muskel- oder Drüsenzelle übertragen wird.

Der **Fluch** *des Glücks*

Der Umgang mit dem Glück ist schwierig. Das Wissen um seine Unbeständigkeit weckt die Furcht, dass es abhanden kommen, gestohlen werden könnte. Ängstlich wachen die Glücklichen über ihren kostbaren „Besitz", finden darüber oft keine Zeit mehr, ihn zu genießen, verlieren ihr Glück, werden unglücklich. Andererseits: Genießt ein Mensch sein Glück zu offen, ohne die gebotene Zurückhaltung, bringt das womöglich Neider auf den Plan. Und das kann für den Glücklichen gefährlich werden – schon der biblische Kain erschlug seinen Bruder Abel, weil er diesem das Wohlwollen Gottes neidete.

Das Opfer von Missgunst und Bosheit wird der ruhmreiche Feldherr Othello in William Shakespeares gleichnamigem Drama. Durch die Intrige seines Adjutanten Jago verunsichert, glaubt Othello nicht mehr an die Treue seiner geliebten Desdemona und ersticht sie. Als sich schließlich ihre Unschuld erweist, tötet sich der unglückliche Othello selbst.

Neid, Eifersucht und Rachsucht – diese Gefühle gehören zum Leben wie die Liebe und die Freude. Der Mensch begehrt, was er nicht besitzt, wünscht sich just das, woran ein anderer Gefallen findet. Er fühlt sich klein, wenn die Wellen des Schicksals oder ein glücklicher Zufall einen anderen nach oben spülen, während er selbst mit Mühe die Nase über Wasser hält. Das Glück des anderen lässt sich manchmal nur schwer ertragen. Schadenfreude ist daher eine hervorstechende Eigenschaft des Menschen, denn: „Des einen Leid ist des anderen Freud!", resümiert der Volksmund. Manche helfen auch nach, damit der andere nicht lange glücklich ist, schmieden Ränke, inszenieren Intrigen – und morden! Wie der finstere Hagen im „Nibelungenlied", dem umfangreichen Versepos, das um 1200 entstand und von Hass, Neid und Rache erzählt: Von Anfang an ist Hagen dem jungen Siegfried feindlich gesinnt. Hagen ist nur ein Gefolgsmann König Gunthers, während Siegfried aus königlichem Haus stammt,

„Glück bedeutet nichts, wenn andere davon nichts wissen, und es bedeutet sehr wenig, wenn sie uns darum nicht beneiden."
Samuel Johnson

1 Kain tötet Abel: „Der Brudermord", Bibelillustration von Julius Schnorr von Carolsfeld, 1860

2 Emil Jannings spielte die Titelrolle in dem deutschen Stummfilm „Othello".

als unbesiegbar gilt und erfolgreich um die Hand der Königstochter Kriemhild wirbt. Doch dann kommt Hagens Stunde: Er nutzt Siegfrieds Ahnungslosigkeit aus und tötet den strahlenden Helden aus dem Hinterhalt. Aber schließlich trifft ihn Kriemhilds Rache.

Für viele ist der Wunsch, Nachbarn, Freunde oder Kollegen neidisch zu machen, ein starkes Handlungsmotiv. Der Neid der Mitmenschen verrät die Größe des eigenen Glücks – und macht glücklich, schürt aber auch die Angst vor weniger glücklichen Zeiten. ⇢ **Unberufen** gehts uns gut! Hinter diesem Ausspruch verbirgt sich der Versuch, den Neid von Göttern und Dämonen abzuwehren. „Mir gefällt dein großes Glück gar nicht, da ich weiß, wie die Gottheit so voller Neid ist", heißt es bei dem antiken Schriftsteller Herodot. Mancherorts wurde Neid gar mit Schadenszauber gleichgesetzt: Neid provoziere den bösen Blick, und dieser sei für Krankheiten, schlechte Geschäfte, Liebesleid und so manch andere Unbill verantwortlich. Also: schweigen und genießen!

⇢ **Unberufen**
Ein noch nicht eingetroffenes positives Ereignis wird „berufen" oder „verschrieen", wenn man zu viel darüber spricht oder sich lautstark zu früh freut. Nach verbreitetem Volksglauben werden dadurch die missgünstigen dämonischen Mächte veranlasst, das Glück zu vereiteln.

1

Glücksgöttin **Fortuna**

Das Glück der Menschen liegt in den Händen der Götter – diese Überzeugung verband primitive Völker mit dem kulturell hoch entwickelten klassischen Altertum, und sie reicht in säkularisierter Form tief hinein in die aufgeklärte Gegenwart. Wenn etwas misslingt, der Erfolg sich trotz aller Bemühungen nicht einstellen will, wird nach Schuldigen gesucht! Fortuna ist ein solcher Sündenbock par excellence: Nur „wem Fortuna hold ist, schenkt sie ihre Gunst“, lautet ein Sprichwort. Ihre Gaben – Reichtum, Macht, Ruhm, Fruchtbarkeit – teilt die Göttin nicht nach Verdienst und Leistung zu, sondern weil und wie es ihr gerade gefällt. Sie tut, wonach ihr der Sinn steht, und zeigt sich darin – einem die Jahrtausende überdauernden Vorurteil gehorchend – als typische Vertreterin ihres Geschlechts: unstet, verlockend und launenhaft.

Tyche
Die griechische Zufallsgöttin Tyche ist nach Hesiod, dem antiken Dichter, ein Kind des Ur-Paares der griechischen Götterwelt. Sie ist die Tochter des mächtigen Fluss- und Schöpfergottes Okeanos und der Göttin und Meernymphe Tethys und damit um ein Vielfaches älter als Göttervater Zeus und alle anderen olympischen Götter.

Ihren Kult haben die Römer von den Griechen übernommen, die die Göttin **Tyche** verehrten. Sie galt als Personifikation des Glück und Unglück bringenden Zufalls und übertraf an Macht selbst den ehrwürdigen Göttervater Zeus. Ihr Wirken vermutete man überall dort, wo das Gefühl menschlicher Ohnmacht sehr groß, ein lenkender Wille nicht erkennbar oder der Glaube an die alten Götter im Schwinden begriffen war. Die Römer dachten – praktisch veranlagt, wie sie waren – bei dem Wort „fortuna“ zunächst an das eigene Schicksal und Wohlergehen. Im ganzen römischen Reich wurden der Göttin Tempel errichtet, damit man sie „überall zu jeder Stunde“ (Plinius) anrufen konnte. Ihr Bildnis wurde auf Haustüren gemalt, in Münzen graviert und in Stein gehauen. Fortunas Fähigkeiten waren legendär: Als Jungfrau Fortuna verhalf sie den Frauen zum Eintritt in den Stand der Ehe, als Fortuna der Männer dem Jüngling zum Bart und zur Männlichkeit; sie beschützte Kaiser, Reisende und Geschäftsleute und äußerte ihre Macht in Staats- wie auch Familienangelegenheiten. Verständlicherweise erlitt Fortunas Ansehen im christlichen Mittelalter einen herben Rückschlag: Nun war sie nicht mehr Göttin, sondern nur noch Allegorie des sich ständig wandelnden Schicksals. Und auch die Dichter der Renaissance – ansonsten vernarrt in die Antike – ließen das positive Fortuna-Bild der Römer nicht wieder aufleben; sie sahen die Schicksalsgöttin eher als Bedrohung des persönlichen Glücks denn als Chance. Aber – Fortuna sei Dank – gelang es Wilhelm Busch, die Doppelbödigkeit der Göttin für uns Heutige zu entlarven: „Fortuna lächelt, doch sie mag / Nur ungern voll beglücken: / Schenkt sie uns einen Sonnentag, / So schenkt sie uns auch Mücken.“

Das christliche Mittelalter kannte zahllose Darstellungen der heidnischen Göttin Fortuna: Zumeist wurde sie, wie in der Antike, mit Flügeln, Füllhorn und Steuerruder abgebildet. Dabei thronte sie entweder auf einem Glücksrad, drehte an dessen Griff, oder sie balancierte auf einer Kugel. Als Symbol für ihre Blindheit trug sie häufig eine Augenbinde.

2

3

1 Antike Goldmünze mit Füllhorn der Fortuna

2 Kopf der Tyche, römische Plastik

3 Auf diesem Gemälde des 18. Jh.s verteilt Fortuna blind ihre Gaben.

Über die **Freiheit**

Eines scheint gewiss: dass es ein Glück ohne Freiheit nicht gibt. Allein das Glück zu genießen, dazu bedarf es der Freiheit. Auch es zu verschwenden oder gar zu verfehlen, setzt Freiheit voraus. Glück lässt sich nicht verordnen, lässt sich nicht per Dekret einem ganzen Volk befehlen. „Jeder ist seines Glückes Schmied", aber er kann es nur sein, wenn man ihm den Hammer lässt, um das Eisen zu schmieden, solange es heiß ist.

„Die Glücksarten der Menschen sind eben verschieden; ‚den enen sin Uhl is den annern sin Nachtigall'. Mir ist die Freiheit Nachtigall, den andern Leuten das Gehalt."
Theodor Fontane

„Das Menschengeschlecht kann ohne Freiheit nicht glücklich sein", schrieb der große italienische Dichter Dante Alighieri (1265–1321) seinen Zeitgenossen ins Stammbuch. Dante selbst kostete der Kampf für Freiheit und Glück seiner Vaterstadt Florenz und gegen die Einmischungsversuche des Papstes das Heimatrecht: Er wurde verbannt, zum Tod verurteilt und führte seit 1303 das unstete Leben eines Wanderers – ein Schicksal von vielen!

Vom hohen Glück der inneren Freiheit schrieb der katholische Widerstandskämpfer Alfred Delps aus dem Gefängnis, zwei Monate vor seiner Hinrichtung durch die Nationalsozialisten: „In einer Kerkerzelle, in der man hin und her pendelt, die Hände in Eisen, den Kopf voller Sorgen: Dann muss es einem in solcher Lage immer wieder geschehen, dass plötzlich das Herz die Fülle des zuströmenden Glückes nicht mehr zu fassen vermag."

Jahrtausendelang war Freiheit das Privileg einiger weniger, „ein Luxus, den sich nicht jedermann gestatten kann" (Bismarck), war der Kampf für Freiheit und gegen „die Tyrannei der politischen Herrscher" (John Stuart Mill) immer auch ein Kampf für das Glück, frei über sich selbst verfügen zu dürfen. Was uns heute so selbstverständlich erscheint, das grundgesetzlich geschützte Recht auf freie Entfaltung der Persönlichkeit, ist das Resultat einer unendlichen Geschichte von Zwang, Terror und Verfolgung – und von mutiger Opposition. Dante musste diesen Kampf mit dem Exil bezahlen, andere ließen für die Freiheit ihr Leben: auf der Folterbank, in Gefängniszellen oder auf den Barrikaden, die

1 „Die Freiheit führt das Volk“ von Eugène Delacroix – eine Allegorie auf die Pariser Julirevolution von 1830

2 Kein Glück ohne Freiheit gab es für den italienischen Dichter Dante Alighieri. Kopie eines zeitgenössischen Porträts

freiheitstrunkene Völker gegen die Willkürherrschaft ihrer Obrigkeit errichteten.

Die ⇢ **Französische Revolution** hat die Fahne der Freiheit in die entlegensten Winkel Europas getragen; seither gehören Freiheit und Glück – jedenfalls in der Theorie – untrennbar zusammen, findet die eigene Freiheit nur noch dort ihre Grenzen, wo sie die Freiheit eines anderen einschränkt. Das zu entscheiden ist oft schwer genug und in funktionierenden Demokratien Angelegenheit der Gerichte. Dass aber selbst die Unfreiheit Raum für das Glück bieten kann, beweist das Beispiel Rosa Luxemburgs (1871–1919). Die Vorkämpferin für „die Freiheit des Andersdenkenden“ und Mitbegründerin der KPD schrieb 1917 aus dem Gefängnis an ihre Freundin Sophie Liebknecht: „Ich habe mir ein kleines Tischchen herausgeschleppt und sitze nun versteckt zwischen grünen Sträuchern ... Wie ist es schön, wie bin ich glücklich, man spürt schon beinahe die Johannisstimmung – die volle, üppige Reife des Sommers und den Lebensrausch.“

⇢ **Französische Revolution**
Wie schnell Freiheit in Unfreiheit umschlagen kann, zeigt der Verlauf der Französischen Revolution. Innere Unruhen und militärische Fehlschläge führten im Juni 1793, also vier Jahre nach Erstürmung der Bastille, zur Terrorherrschaft der radikalen Jakobiner: Mehr als 40 000 Menschen fielen ihr innerhalb eines Jahrs zum Opfer.

Freundschaft *fürs Leben*

„Ich sterbe mit tausend Freuden für Sie", rief der junge Leutnant Katte dem preußischen Kronprinzen Friedrich zu, bevor ihn König Friedrich Wilhelm I. am Morgen des 6. November 1730 vor dessen Augen enthaupten ließ. Katte musste sterben, weil er dem todunglücklichen Prinzen aus Freundschaft bei einem dilettantischem Fluchtversuch assistiert hatte. Freunde auf Leben und Tod – dafür stehen im kollektiven Gedächtnis der Deutschen vor allem Winnetou und Old Shatterhand. Wer hätte nicht zumindest in der Pubertät jene fantastische Freundschaft leben wollen, die Karl May für seine zahllosen Leser erdachte? Alles Trennende überwinden, gemeinsam der höchsten Gefahr ins Auge blicken, stets bereit sein, sich für den anderen zu opfern. Und diesen ewigen Bund mit Blut besiegeln! Heute kommen Freundschaften auch in der Fiktion ohne derartige archaische Riten aus. Man ist cooler geworden, aber immer noch bereit, sich ganz auszuliefern. Wie „Thelma und Louise" im gleichnamigen Hollywoodfilm. Die beiden Frauen gehen miteinander durch dick und dünn, stehen für einander ein, verlassen ihr altes Leben und bleiben zusammen – bis in den tragischen Tod.

„Der Freund ist ein Mensch, zu dem du aufrichtig sein darfst."
Ralph Waldo Emerson

„Ohne Freundschaft gibt es kein vollkommenes Glück", versicherte Epikur, der bekannteste Glücksphilosoph der Antike. Ihren Ursprung habe sie im Bedürfnis nach Hilfe. Gesucht werde sie jedoch um der Lust willen, die sie bereite. Das Paradoxe: „Obwohl wir die Freundschaft um der Lust willen eingehen, nehmen wir doch für die Freunde die größten Schmerzen auf uns."

Zum Glück kennen die meisten von uns einen solchen „letzten" Freundschaftsdienst nur aus Büchern und Filmen. Aber die Sehnsucht sitzt tief, nach der absoluten Loyalität, die sich in guten wie in schlechten Zeiten beweist, aufs Ganze geht. Was erwarten wir uns vom Freund, von der Freundin? Nähe und Vertrautheit, Gleichrangigkeit, den uneigennützigen Einsatz, Verlässlichkeit, Emotionalität auch, aber keine Sexualität! Das macht den Unterschied, vielleicht den einzigen, zur Liebe. Denn unverbrüchlich, wie die Liebe, soll die Freundschaft sein. Sie soll nicht nur den Wandel der Zeiten überdauern, sondern auch die persönliche Entwicklung begleiten. In der Freundschaft werden wir so akzeptiert, wie wir sind, auch wenn wir andere werden. Das ist das Glück, das sie uns schenkt.

„Du willst das Glück in der Liebe sehen. Da ist es nicht. Das Glück ist in der Ruhe, in der Freundschaft ... Freundschaft, das heißt Ruhe, verbunden mit der Lust, das heißt, dem Genuss, das ist Glück."
George Sand

Freundschaft ist kein Ersatz für die Liebe, sie ist etwas anders, und doch ein „seliger Zustand", wie die alten Griechen wussten. „Ein Freund, ein guter Freund, das ist das schönste, was es gibt auf der Welt", sang einst Heinz Rühmann. „Und wenn die ganze Welt zusammenfällt" ... In unsicheren Zeiten erlebt auch der amerikanische Barbesitzer Rick Blaine alias Humphrey Bogart das Glück dieser besonderen Beziehung: „Louis, ich glaube, das ist der Beginn einer wunderbaren Freundschaft." Mit diesen berühmten letzten Worten von „Casablanca" wird der Abschied von der Geliebten besiegelt. Aber nicht der Abschied vom Leben. Denn das geht weiter, mit dem guten Freund an der Seite.

1

Winnetou und Old Shatterhand, die unsterblichen Freunde

2

Freundinnen auf Leben und Tod: Susan Sarandon und Geena Davis in dem Film „Thelma und Louise"

Alles Gute zum **Geburtstag**

1

Für Kinder gehört der Geburtstag zu den glücklichsten Tagen im Jahr. Vielleicht ist er überhaupt der allerschönste! Weihnachten, natürlich, das wird auch heftig herbeigesehnt. Aber der Geburtstag gehört dem Kind ganz allein, da ist es die absolute Hauptperson, alle Gäste kommen nur seinetwegen, niemand sonst kriegt Geschenke. Im Fluss der Zeit ist dieses höchstpersönliche Jubiläum auch für die Erwachsenen jedes Jahr wieder ein Fixpunkt ... Kinder, wie die Zeit vergeht! Nicht jeden macht das glücklich, auch wenn vielstimmig ⇢ **Happy Birthday** gesungen wird.

⇢ **Happy Birthday** Amerikanische Dollarmillionäre singen es, französische Pastetenbäcker und venezianische Gondolieri. Überall auf der Welt, auch in Asien, Afrika und Australien, kennt man es: „Happy Birthday" gilt als meistgesungenes Lied auf Erden.

Griechen und Römer waren die Ersten, die den Geburtstag zu einem besondern Tag machten. Allerdings feierten sie nicht das Geburtstagskind selbst, sondern dessen guten Geist – den „Genius" –, der für das Glück sorgen sollte. So wie er es bereits bei der Geburt getan hatte, als er alles Böse vom neuen Erdenbürger fern hielt. Die christliche Kirche konnte dem heidnischen Enthusiasmus für die Geburtstagsfeier nur wenig abgewinnen. Origenes und Hieronymus, zwei bedeutende Kirchenlehrer aus der Zeit des frühen Christentums, lehnten das Geburtstagsfest rundweg ab. Stattdessen wurde der Todestag von Heiligen gefeiert, der als „Geburtstag für den Himmel" (Natalicium) galt. Und bis vor gar nicht langer Zeit hat man in katholischen Landstrichen ausschließlich zum Namenstag Glück gewünscht.

Früher rankten sich um die Geburt zahlreiche abergläubische Vorstellungen. So hieß es etwa, am 1. Mai Geborene gehörten den Hexen, zu Neumond Geborene würden Vampire. Um Dämonen den Zutritt zur Gebärenden zu verwehren, wurden Türen verriegelt und Schlüssellöcher verstopft.

Die heutigen Geburtstagsbräuche sind uralt und jung zugleich! Jung, weil sich der Geburtstag als festliches Ereignis erst seit 1900 – von „neuer Mode" war damals die Rede – in ganz Deutschland durchzusetzen vermochte. Uralt, weil bereits Griechen und Römer ihren Schutzgeistern ein Licht aufsteckten und einen Kuchen weihten. Heute gilt ein geglückter Kuchen als gutes Vorzeichen für das neue Lebensjahr. Er trägt Kerzen, für jedes Lebensjahr eine, und bläst das Geburtstagskind alle Kerzen auf einmal aus, geht ein geheimer Wunsch in Erfüllung. Etwas aus der Mode gekommen ist das (rote) Lebenslicht in der Mitte, das früher als Dämonenabwehr galt. In England werden – sicher ist sicher! – verschiedene Orakel- und Glückssymbole in den Kuchen eingebacken, die dann während des gemeinsamen Kuchenessens für glückliche Gesichter sorgen. Als schlechtes Omen gilt es von jeher, jemandem im Voraus zum Geburtstag zu gratulieren; die stets wachsamen Mächte der Finsternis könnten das Geburtstagskind aus reiner Böswilligkeit vorher sterben lassen, um den Geburtstag zu verhindern! Wer dagegen in der Geburtstagsnacht davon träumt, auf dem Chefsessel zu sitzen, darf sicher sein, dass dieser Wunsch in den nächsten zwölf Monaten in Erfüllung geht. Was man an seinem Geburtstag tut, das tut man das ganze Jahr!

„Jet Kalff hat n Jeburtstdag, awer noch lang keen Namensdag.“
Sprichwort aus dem Saarland

Glückwunschkarte von 1913

Die fünf brennenden Kerzen auf der Torte stehen für die Lebensjahre des Geburtstagskinds.

„Pommes und Ketchup“ beim Kindergeburtstag

Macht **Geld** *allein glücklich?*

1

Glück und Geld gehören seit alter Zeit zusammen. Denn unter den Gaben, die man sich von der Glücksgöttin Fortuna erhoffte, spielte das Geld selbstredend immer eine herausragende Rolle. Und so bezeichnete das lateinische Wort „fortuna" praktischerweise auch gleich das „Vermögen". Zahllos sind die Zaubersprüche, Geisterbeschwörungen und Volksbräuche, die zu Geld und Glück verhelfen sollen. Macht Geld aber auch glücklich?

Den römischen Philosophen Seneca, Berater des Kaisers Nero und einer der reichsten Männer seiner Zeit, hat es glücklich gemacht, so glücklich, dass er dieses Glück mit niemandem teilen wollte und in seinen Schriften die Armut predigte. Der heilige Franz von Assisi verzichtete auf Geld und Kaufmannskarriere und entschied sich stattdessen für ein Leben als Wanderprediger. Er wählte die mystische „Hochzeit" mit der Armut, um sich, frei von jeglicher Besitzeslast, den Armen, Kranken und Schwachen widmen zu können – das Glück der völligen Auf- und Hingabe. Seneca entschied sich für den Reichtum, weil er die Tugend ermögliche – und weil er nicht auf seine 500 Elfenbeintischchen verzichten wollte, die im ganzen Imperium berühmt waren.

Geld kann helfen, zu einem Quantum Glück verhelfen: Es kann Not und Leid lindern, Wünsche erfüllen, Freiräume für Selbstentfaltung schaffen und Unabhängigkeit ermöglichen. Geld kann aber auch das Gegenteil bewirken: „Geldgier ist eine Wurzel alles Übels", heißt es in der Bibel. Die Kirche hat aus dieser Einsicht freilich nur selten Konsequenzen gezogen: Mit klingender Münze ließ sich

Trotz der lautlichen Ähnlichkeit haben die Wörter Geld und Gold unterschiedliche germanische Sprachwurzeln: Geld ist mit „Vergeltung" im Sinne von „Entlohnung" verwandt, Gold kommt von „gelb". Aristoteles beschreibt, wie die Einführung des Geldes vor sich ging: „Also kam man überein, beim Tausch gegenseitig ein Sache zu nehmen und zu geben, die selbst nützlich und im täglichen Verkehr handlich war, wie Eisen, Silber usw. Zuerst bestimmte man sie einfach nach Größe und Gewicht, schließlich drückte man ihr ein Zeichen auf, um sich das Abmessen zu ersparen."

„Traue denen nicht allzu sehr, die so tun, als ob sie den Reichtum verachten. Denn nur die verachten ihn, welche daran verzweifeln, zu ihm zu gelangen, und die sind die Schlimmsten, wenn sie ihn einst doch erwerben."
Francis Bacon

Ablasshandel
Sündenerlass durch Geldzahlung war im Katholizismus bis in die Neuzeit hinein ein übliches Verfahren, allerdings waren Beichte und Vergebung durch den Priester Voraussetzung. Martin Luther sah in der „Ablasskrämerei“ ein gefährliches Übel, und der Nürnberger Meistersinger Hans Sachs hat sich trefflich darüber lustig gemacht: „Sobald das Geld im Kasten klingt, die Seele aus dem Fegfeuer springt.“

Rom seit dem Spätmittelalter das gute Gewissen der Gläubigen bezahlen, ⇢ **Ablasshandel** nannte sich der Wechsel aufs himmlische Glück.

„Geld macht sinnlich“, hat Bertolt Brecht gesagt. Nüchtern sah Karl Marx die Sache: „Was ich als Mensch nicht vermag, was also meine individuellen Wesenskräfte nicht vermögen, das vermag ich durch das Geld.“ Geld soll angeblich hässliche Menschen attraktiv, Langweiler zu begehrten Partylöwen, Kriminelle zu einflussreichen Honoratioren machen. Diese magische Dimension des Gelds, seine augenfällige Verwandlungskraft, potenzierte der Aberglaube ins Unermessliche: Bestimmten Münzen sagte man eine magische Schutzwirkung nach. Unser Glückspfennig ist eine Miniaturausgabe des segenwirkenden Tauftalers und der verschiedenen Weihpfennige und Weihgroschen von einst. Heute steckt er zumeist ein wenig verloren im Marzipanschwein, früher nagelte man ihn an die Stalltür, trug ihn in der Tasche oder band ihn ins Schnupftuch – um das Unheil zu hindern und das Glück zu binden.

2

3

Glückspfennig

Briefträger mit Geldanweisung – und ein strahlendes Gesicht; Berlin 1953

Münzen im Brunnen für eine glückliche Wiederkehr: Fontana di Trevi in Rom

Gipfelglück

„Wie komme ich am besten den Berg hinan? / Steig nur hinauf und denk nicht dran!“
Friedrich Nietzsche, „Aufwärts“

„Es geht gut, der Berg ist überschritten!“
Die letzten Worte König Friedrichs II.

Der Franzose Antoine de Ville gilt als „Kolumbus“ des neuzeitlichen Alpinismus. In der letzten Juniwoche des Jahres 1492, dreieinhalb Monate vor der „Entdeckung“ Amerikas, bestieg er im Auftrag des französischen Königs den nach allen Seiten fast senkrecht abstürzenden Mont Aiguille südlich von Grenoble.

Der Berg ruft, und die Menschen strömen herbei. Es werden immer mehr, und wer Pech hat, muss sich in eine Schlange reihen, bevor er den Gipfel erklimmen kann. Und doch bietet das Bergsteigen immer wieder Augenblicke des Glücks: wenn man über dem stetigen Gehen den Alltag vergisst, dafür aber seinen Körper in jeder Faser spürt, wenn man den freien ungehinderten Blick genießt und sich in der Natur geborgen fühlt – aber auch ganz klein und unbedeutend.

Der erste Gipfelstürmer, von dem wir wissen, war ein italienischer Dichter: Am 26. April 1336 bestieg Francesco Petrarca den „windumtosten“ Mont Ventoux. Noch am Abend desselben Tages beschrieb er sein Bergerlebnis: „Verlangen, die namhafte Höhe des Ortes kennenzulernen“, sei sein Motiv gewesen. Und der Wunsch, den Gipfel überirdischer Glückseligkeit zu erklimmen. Tatsächlich greift Petrarca in luftiger Höhe nach den mitgeführten „Bekenntnissen“ des heiligen Augustinus. Was als neugierige Entdeckungstour begann, „gipfelte“ am Ende in einer Begegnung mit dem Allerhöchsten. Dass jeder erklommene Gipfel auch eine enttäuschte, jede Gipfelstürmerei eine noch nicht durchschaute Illusion sein kann – diese Einsicht blieb freilich den Zeiten des alpinen Massentourismus vorbehalten. „Ich bin ... eine Art Sisyphus, der niemals wirklich zum Gipfel kommt ... und der Stein, den ich auf den Berg rolle, ist meine eigene Psyche“, bekannte Reinhold Messner.

Worin liegt denn nun das Gipfelglück? In der Überwindung eigener Schwächen und Ängste im Verbund mit weiten Aussichten? Wer es nicht selbst erlebt hat, wird dieses überwältigende Gefühl nicht

Gipfelglück: Wenn nur noch der Himmel über dir ist!

Internationale Anerkennung erlangte Luis Trenker in den 30er-Jahren mit seinen Bergfilmen. Szene aus „Der Rebell", 1932

nachvollziehen können. Auch die zahllosen Bergsteigerbücher und -filme werden es ihm nicht vermitteln, höchstens einen Anstoß geben können. Bergsteigen und Klettern, das sind Leidenschaften, die sich dem Nichtinfizierten verschließen. Aber wen sie einmal gepackt haben, den lassen sie nicht mehr los.

Jon Krakauer, der amerikanische Bergsteiger und Bestsellerautor, beschreibt den Beginn seiner Obsession: Mit zwanzig waren er und sechs Kameraden nach Alaska aufgebrochen, um im arktischen Sommer mit seiner die ganze Nacht anhaltenden Dämmerung eine „Gruppe schlanker Granittürme von strenger, betörender Schönheit" zu besteigen. „An einem Junimorgen um halb drei Uhr früh stand ich nach zwölfstündiger Kletterei auf dem Gipfel eines Berges, der Xanadu hieß ... Und wir waren die ersten, die ihre Füße auf ihn setzten." Es muss unerträglich kalt gewesen sein in dieser Nacht, der Wind heulte und „verwandelte meine Hände in Holz. Ich war so glücklich wie nie zuvor in meinem Leben."

„Hauptsache ist, die Seele tönt und schwingt."
Ulrich Aufmuth, „Zur Psychologie des Bergsteigens"

1

Glück auf! – *der Bergmannsgruß*

Es liegt wohl an den Gefahren ihres Berufs, dass Bergleute abergläubische Menschen sind. Man trifft nicht nur alle überhaupt möglichen technischen Sicherheitsvorkehrungen, man ist nicht nur mit ganzer Aufmerksamkeit bei der Sache, sondern weiß eben auch, dass Glück dazugehört. Bevor die Bergleute in ihre Montur steigen und ihre Ausrüstung anlegen, rufen sie sich „Glück auf!" zu. Sobald sich die Gittertür des Förderkorbs öffnet und die Männer zur Schicht einfahren, rufen sie sich „Glück auf!" zu. Und wenn nach einem harten Arbeitstag endlich die Ablösung kommt, heißt es wieder „Glück auf!".

Neben dem „Glück auf!" der Bergleute gibt es noch eine Reihe anderer Wunschformeln, die an Berufe oder Tätigkeiten gebunden sind: das „Glück ab" der Flieger, das „Gut Nass!" der Schwimmer, das „Gut Holz!" der Kegler, das „Petri heil!" der Angler und das „Weidmannsheil" der Jäger, um nur einige zu nennen.

Der deutsche Bergmannsgruß ist seit 1670 bezeugt und in Regionen, die vom Bergbau geprägt sind, noch heute die dominierende Grußformel – nicht nur unter Tage, sondern auch im Alltag. Über die Herkunft des Grußes streiten sich die Gelehrten; sagen die einen, er sei eine Zusammenziehung von „Glück schließe sich dir auf" beziehungsweise „Ich wünsche Glück, auf dass die Gänge (in den Bergwerken) sich dir auftun", behaupten andere, es leite sich ab von „Glück auf die Fahrt" oder „Das Glück führe dich wieder auf". Wer immer auch Recht haben mag, sicher ist: Die Worte „Glück zu!" haben für Bergleute eine üble Bedeutung, beschwören das Unglück herauf und sind deshalb verpönt. Denn unzählige Bergleute sind unten geblieben in den Jahrtausenden seit es Bergbau gibt: verschüttet von nachrutschenden Flözen, erschlagen von Gesteinsmassen, ertrunken in Wasser- und Schlammfluten oder elend erstickt an Grubengasen. Das Unglück in

Unter den zahlreichen Schutzpatronen, die an höchster Stelle ein gutes Wort für die Bergleute einlegen, hat es die hl. Barbara zu besonderer Popularität gebracht. Mit gutem Grund: Als sie vor ihrem heidnischen Vater floh, öffnete sich ein Fels und bot ihr Schutz.

Emblem an der ehemaligen Lohnhalle der Bottroper Zeche

Bergleute aus dem Ruhrgebiet in Festtracht

„Schwibbogen“ in der Bergbaustadt Scheibenberg im Erzgebirge

Als Zeichen, dass ein Bergjahr glücklich zu Ende gegangen war, hängten die Bergleute im Erzgebirge früher ihre Blenden an den „Schwibbogen“, den mächtigen hölzernen Schwebebogen am Stolleneingang. Heute ist der mit Kerzen besteckte „Schwibbogen“ als Weihnachtsschmuck in aller Welt bekannt.

der Talkummine von Lassing in der Steiermark vom Juli 1998 ist nur eines in der langen Reihe von Bergwerkskatastrophen – und ein besonders tragisches dazu. Denn es zeigt, wie nah Glück und Unglück beieinander liegen: Nach starken Regenfällen waren Wasser- und Geröllmassen in die Grube eingedrungen und hatten am Mittag des 17. Juli einen Erdrutsch ausgelöst, der den Bergmann Georg Hainzl verschüttete. Wenige Stunden später fuhren elf Kameraden ein, um die Grube zu sichern und ihn zu suchen. Einer von ihnen kehrte um; kurz danach brach der Schacht ein und begrub die anderen. Tage vergingen, die Hoffnung, die Eingeschlossenen noch lebend zu bergen, schwand. Doch am Abend des 26. Juli erhielten die Retter unerwartet Lebenszeichen von Hainzl und konnten ihn aus einer kleinen Kammer in 60 m Tiefe nahezu unverletzt bergen. Das Wunder von Lassing war geschehen! Ein zweites ereignete sich nicht. Am 14. August wurde die Suche nach den zehn Bergleuten offiziell eingestellt.

Glückspilze *und Pechvögel*

1

„Wenn du kein Glück hast, ist es zwecklos, im Wald Pilze zu suchen“, lautet ein russisches Sprichwort. Der Glückliche findet Pilze selbst dort, wo es sie gar nicht geben dürfte, und ist selber ein solcher: ein ⇢ **Glückspilz** nämlich. Dem ⇢ **Pechvogel** dagegen gerät die Suche im Wald bestenfalls zur Bestätigung seiner Lebensmisere: Welche Mühe er sich auch gibt, einen Pilz wird er nicht finden. Und falls doch, ist es bestimmt ein giftiger!

Glückspilze und Pechvögel: Manchmal hat es tatsächlich den Anschein, als gäbe es im Leben nur diese beiden Extreme, als würde dem einen alles gelingen und dem anderen das Pech an den Fingern kleben. Theodor Fontane dürfte nicht der Einzige sein, der es so gesehen hat: „Je länger ich das Leben beobachte, je deutlicher seh ich, dass dem Einzelnen mit einer eisernen Konsequenz des Schicksals das eine gegeben, das andre versagt wird; der eine spekuliert immer glücklich, der andre immer unglücklich; der eine liebt immer glücklich, der andre immer unglücklich; der eine reist dreimal um die Welt ohne Unfall, der andre trifft es bei jeder Ausfahrt so, dass ein Rad bricht oder ein Pferd durchgeht oder doch wenigstens, dass es mit Mollen gießt.“

Gibt es tatsächlich Menschen, denen das Glück ein Leben lang hold ist, und andere, die Pechsträhne auf Pechsträhne bewältigen müssen? Ja und nein! Glückspilze und Pechvögel sind soziologische „Idealtypen“, die keine Entsprechung in der Wirklichkeit besitzen. Die eigene Erfahrung verrät uns dies: Jede Glückssträhne, auch die längste, hat irgendwann ein Ende. Umgekehrt gilt, wer sich nicht unterkriegen

⇢ **Glückspilz**
Das Wort „Glückspilz“ ist erstmals um 1800 nachweisbar. Vermutlich handelt es sich um eine Übersetzung des englischen „mushroom“, das außer Pilz auch Emporkömmling bedeutet. Der Pilz gilt möglicherweise aufgrund seiner phallischen Gestalt neben Hufeisen, Schwein und Vierklee als Inbegriff des Glücks.

⇢ **Pechvogel**
Einen „Pechvogel“ nannte man früher jenen Vogel, der am Pech der Fangrute kleben blieb. Seit dem 18. Jh. werden nicht mehr nur Vögel, sondern ausgesprochene „Unglücksmenschen“ mit diesem Begriff bezeichnet. Auch die „Pechsträhne“ hat hier ihren etymologischen Ursprung.

lässt, schwimmt morgen obenauf. Dennoch besitzen bestimmte Menschen ganz offensichtlich ein glücklicheres Händchen als andere, eine Art „Talent für das Schicksal“ (Novalis), das sie vom großen Rest unterscheidet. „Du trägst den Cäsar und sein Glück!“, rief der – auch unter diesem Aspekt – ungewöhnlich talentierte Römer selbstbewusst dem Steuermann im Sturm zu.

„Man kann sich fragen: Wie werde ich glücklich? Aber nicht: Wie werde ich ein Glückspilz? Wer ‚Glück‘ hat, kommt nicht in die Lage, über das ‚Glück‘ nachzudenken.“
Ludwig Marcuse, „Philosophie des Glücks“

Obwohl Cäsar nicht tatenlos auf das Glück wartete, sondern ihm mit List und Gewalt nachhalf, wusste er immer, dass sein überragender politischer Erfolg auch den günstigen Umständen zu verdanken war. Am Ende jedoch war auch Cäsar, der sich selbst als „Schoßkind der Fortuna“ gesehen hatte, vom Glück verlassen und fiel einer Verschwörung zum Opfer. Welch ein Fluch es sein kann, zu viel Glück zu haben, davon weiß die griechische Sage von Midas, dem König von Phrygien, zu berichten: Was er auch anfasste, wurde zu Gold. Wirklich alles – auch Essen und Trinken!

2

3

Glückspilz, süß

2 König Midas wäscht sich im Fluss Paktulus, in dem seither Goldblättchen schwimmen. Gemälde von Nicolas Poussin, um 1625

3 Jack Lemmon, der „Glückspilz“, in dem gleichnamigen Film von Billy Wilder, mit Walter Matthau

Wenn sich das **Glücksrad** *dreht …*

… sind Menschen nur Statisten, könnte man den Titel weiterführen, Statisten des Glücks und Statisten des Unglücks, dem Schicksal ausgeliefert, das sie ereilen wird …, irgendwann, irgendwo. Das Glücksrad ist ein Symbol für die Zufälligkeit und die Flüchtigkeit des Glücks und die Unausweichlichkeit des Schicksals, das die Menschen nach oben spült, auf den Wellenkamm des Lebens, nur um sie anschließend wieder nach unten zu reißen, in die Tiefe, in das Tal der enttäuschten Hoffnungen, der Schmerzen und des Tods. Wer sich festhält an den Speichen, wird wieder nach oben getragen, wer loslässt, gerät unter die Räder, verliert mit der Balance auch das Leben. Seine größte Wirkkraft hat das Bild des Glücksrads in der bildenden Kunst des Mittelalters entfaltet, in einer Zeit, da der Tod allgegenwärtig war und meist plötzlich kam. Die Menschen starben früh in jenen Zeiten. Und im Gegensatz zu heute, da der Tod von vielen als leider unvermeidlicher körperlicher „Betriebsunfall“ wahrgenommen wird, war man sich im Mittelalter der Endlichkeit des Lebens absolut bewusst. Alle mussten daran glauben. Und fanden einzig Trost in dem Gedanken, dass alle das gleiche Schicksal ereilte.

Rad
Das Rad zählt zu den ältesten Symbolen. Sein Ursprung liegt im Dunkeln, und es ist nicht einmal geklärt, ob es zuerst als Gebrauchsgegenstand, der die Menschheit im wahrsten Sinne des Wortes weiterbrachte, genutzt wurde oder als Kultgerät, das die Sonne symbolisiert und Schaden abwehrt. Als Talisman schützt das Wagenrad bis heute Bauernhäuser und Hofeinfassungen. Im Buddhismus ist das Rad Symbol des Lebens.

Das Malerbuch vom Berg Athos aus dem 18. Jahrhundert beschreibt genau, wie dieses **Rad** des Glücks auszusehen hatte: Es sollte aus konzentrischen Kreisen bestehen, deren Untergliederung teils allegorische Figuren, teils grafische Zeichen der Welt, der Jahreszeiten, der zwölf Monate mit den Tierkreiszeichen und der sieben Lebensalter repräsentieren. Das Rad wurde von Tag und Nacht

Der griechische Dichter Anakreon wusste schon vor 2500 Jahren, dass das „menschliche Leben unbeständig wie die Sprosse eines Wagenrads“ dahinrollt.

Die römische Glücksgöttin Fortuna in einer mittelalterlichen Buchmalerei

Das Rad der Fortuna bei einer Freilichtaufführung der „Carmina Burana“ von Carl Orff

Scheibenschlagen
Bei diesem Brauch werden brennende Holzscheiben durch die Luft geschleudert, begleitet von einem Segensspruch. Eng damit verwandt ist eine andere Tradition, die der Silvester- und der Johannisnacht vorbehalten ist: Dabei werden mit Stroh umwickelte Räder angezündet und den Hang hinabgerollt, mit der Bitte um die Kraft der Sonne für Felder und Ernte.

mithilfe von Stricken in Bewegung gesetzt, manchmal übernahm Fortuna das selbst. Heute dreht sich das Glücksrad nur noch auf Jahrmärkten oder im Fernsehen, profane Verlosungshilfe für das schnelle Glück. Nichts erinnert mehr an seine Herkunft und seine starke symbolische Kraft. Und auch bei so alten Bräuchen wie dem ⇢ **Scheibenschlagen** wissen die wenigsten, was sie bedeuten. Tatsächlich hat die ewige Wanderung der Sonne das Bild vom Glücksrad, vom Rad des Lebens und des Schicksals gezeichnet. Die Sonne ist die eigentliche Achse des Rads, die Speichen sind ihre Strahlen. Sie können den Menschen verbrennen oder ihn vor dem Erfrieren retten.

Glücksritter

Glücksritter hat es immer gegeben, Menschen, die sich blind auf ihr Glück verlassen, Abenteurer, die das Glück in neuen Sphären suchen und kein Risiko scheuen. Manche hatten einfach nur genug von der bürgerlichen Existenz und setzten lieber alles auf eine Karte, als ein Leben lang nur Statisten zu sein. Andere wurden angetrieben von der Gier nach Ruhm, Macht und schnellem Reichtum. Wer nicht wagt, der nicht gewinnt! Über 5,5 Millionen Deutsche verließen von den Hungerjahren 1816/17 an bis zum Ausbruch des Ersten Weltkriegs die Heimat, um in Amerika ihr Glück zu suchen. Zu Hause war das Elend groß, und wer nicht viel zu verlieren hat, setzt das wenige leichter aufs Spiel. Die meisten von ihnen würden wir heute wohl „Wirtschaftsflüchtlinge" nennen. Aber auch Glücksritter drängten sich auf den überfüllten Decks der Auswandererschiffe. Einer von ihnen war der Schweizer Johann August Suter, der 1836 ins damals noch mexikanische Kalifornien aufbrach. Er erwarb Land und baute ein Agrarimperium auf, das ihn zum ungekrönten König – zum „Kaiser von Kalifornien" machte, so der Titel des Erfolgsfilms von Luis Trenker (1932), der seine Geschichte erzählt.

„Wer auf dem Glücksgaul reitet, ist vor dem Abwerfen nicht sicher."
Sprichwort

Der Kontinent der unbegrenzten Möglichkeiten, das war Amerika seit seiner Entdeckung für spanische Konquistadoren und englische Puritaner, für raubeinige Viehdiebe, hoffnungsfrohe Tellerwäscher und smarte Alkoholschmuggler. Das Ass im Ärmel entscheidet über die Zukunft! Das sind Geschichten, die das Kino schreibt. Glücksritter nehmen sie nur allzu gern für bare Münze.

„Ich fühle Mut, mich in die Welt zu wagen, / Der Erde Weh, der Erde Glück zu tragen, / Mit Stürmen mich herumzuschlagen / Und in des Schiffsbruch Knirschen nicht zu zagen."
Johann Wolfgang von Goethe

1 „Die Digger“, Jugendbuchillustration von 1870

2 Zum Schluss verlässt ihn das Glück: Steve McQueen als Berufsspieler „Cincinnati Kid“.

3 Das überfüllte Deck eines Auswandererschiffs, um 1905

Glückstage *und Unglückstage*

1

„Alles in der Welt lässt sich ertragen, / Nur nicht eine Reihe von schönen Tagen.“ *Johann Wolfgang von Goethe*

Tagewählerei Bereits die alten Ägypter kannten Tage, an denen man sich nicht waschen, keine Lieder hören und das Haus nicht verlassen sollte. Und auch die Orakelkunst der Babylonier, Griechen und Römer galt häufig der Erkundung des richtigen Tags für ein bestimmtes Vorhaben.

Verworfene Tage Jeder Monat besitzt mehrere verworfene Tage. Als besonders gefährlich gelten von jeher der 3. 3., der 1. 4., der 1. 8. und der 15. 9. Der Glaube geht zurück auf die „ägyptischen Tage“ der Römer. Alle auf die Kalenden, Nonen und Iden folgenden Tage nannte man „dies religiosi“ bzw. „dies atri“, also schwarze Tage bzw. Unglückstage.

Im Auf und Ab des Lebens gibt es gute und schlechte Zeiten. Wir haben uns damit abgefunden. Aber dann gibt es Tage – und an die wird man sich nie gewöhnen –, da geht einfach alles schief: Erst verbrüht man sich am Kaffeewasser, dann verpasst man die Straßenbahn und kommt zu einem wichtigen Vorstellungsgespräch zu spät. Unterwegs verliert man mit der Handtasche auch die Contenance. Jedoch wieder zu Hause löst ein Blick auf den Kalender das Rätsel: Freitag, der 13.!

Der Glaube an Glücks- und Unglückstage hat eine lange Tradition! **Tagewählerei** lautet die von Luther geprägte Bezeichnung für eine magische Praxis, die jahrhundertelang weit verbreitet war. Vor Hochzeit, Reiseantritt und Geschäftsabschluss, vor Hausbau, Saat und Erntebeginn wurde, oft nach Orakelbefragung, sorgfältig der geeignete Zeitpunkt bestimmt. Selbst so banale Verrichtungen wie das Haareschneiden überließ man nicht dem Zufall. Spezielle „Volkskalender“ bewahrten die Menschen davor, zur falschen Zeit am falschen Ort aktiv zu werden. Als Faustregel galt: Was wachsen soll, muss bei zunehmendem, was schwinden soll, bei abnehmendem Mond begonnen werden. Allerdings konnten auch skurrile Zufälligkeiten eine Rolle spielen: Weil der Name des heiligen Abdon nach „abtun“ klang, schnitt man an seinem Namenstag Gras und Hühneraugen, beseitigte Dornen und Ungeziefer.

„Die Tage folgen einander wohl, aber sie gleichen sich nicht“, verrät uns das Sprichwort. Den Glücks- stehen die Unglückstage, den guten die **verworfenen Tage** gegenüber. Als Glückstage

Der Freitag hat seinen schlechten Ruf in erster Linie der christlichen Karfreitagstrauer zu verdanken. Tatsächlich kann althergebrachter Überzeugung zufolge alles, was an einem Freitag geschieht, sowohl positiv als auch negativ ausschlagen, doch liegt gerade darin wahrscheinlich das Unheimliche.

gelten seit je Dienstag, Donnerstag und Sonntag, als Unglückstage vor allem Montag und Freitag. Der schwedische König Gustav II. Adolf soll den Freitag gefürchtet haben wie der Teufel das Weihwasser. Napoleon suchte an Freitagen jeder Schlacht auszuweichen. Und selbst ein so nüchterner Staatsmann wie Bismarck schloss an diesem Tag prinzipiell keinen Vertrag. Ausnahmen waren und sind freilich möglich. Wer am Montag niest, wird die ganze Woche Glück haben, hieß es. Der „glückliche" Donnerstag war zugleich der Tag der Geister, Hexen und Zwerge. Und in Norddeutschland schätzte man den „schwarzen" Freitag als ausgesprochenen Glückstag, zwar nicht zum Heiraten, dafür aber zum Knüpfen zarter Liebesbande! Und wer sich am Freitag schweigend zwischen elf und zwölf Uhr in festgelegter Reihenfolge die Nägel schneiden ließ, brauchte die Zukunft nicht länger zu fürchten: Der sei vor Krankheiten geschützt und habe Glück in allen seinen Unternehmungen.

2

3

1 „Hufeisen-Kalender" der Kaiserin Sisi

2 Von der Vergänglichkeit des Ruhms erzählt Paolo Veroneses „Chronos und Fama", um 1551

3 25. Oktober 1929: „Schwarzer Freitag" in der Wallstreet

1

Gold – *Rausch und Fluch*

Seinen Ruf als Träger magischer Kräfte verdankt das Gold vor allem seiner geheimnisvollen Herkunft aus dem Erdinnern. Aufgrund ihrer Farbe hat man Amulette aus Gold gegen Gelbsucht und Rotlauf getragen. Und der Bauer, der mit einem Goldring am Finger säte, durfte mit schönem gelbem Korn rechnen.

„Es ist nicht alles Gold, was glänzt", meint der Volksmund. „Aber es glänzt auch nicht alles, was Gold ist", fügte der Dichter Friedrich Hebbel hinzu. Keinerlei Widerspruch dürfte die Meinung hervorrufen, dass Gold das edelste Metall ist – und überaus praktisch dazu. Es rostet nicht und läuft nicht an, es ist dehnbar, weitgehend säurebeständig, und es wirkt wahre Wunder: Im alten Indien verabreichte man goldhaltige Lebenselixiere, Paracelsus nutzte es zur Heilung von Herzleiden, und mancherorts gelten goldene Ringe und Amulette noch heute als zauberkräftige Allheilmittel. Außerdem schützt Gold bekanntlich vor Armut! Da Gold vor allem in früheren Epochen sehr selten und deshalb kostbar war, wurde es zum Symbol für Wohlstand und der Goldschatz als Lohn der guten Tat zum beliebten Motiv in märchenhaften Geschichten.

Unter Seeleuten war es Brauch, einen goldenen Ohrring zu tragen, nicht nur als Glücksbringer: Im Fall des Todes war wenigstens genug Geld für eine anständige Beisetzung da. Doch so mancher Matrose früherer Zeiten wurde wegen seines Ohrrings erschlagen, andere behielten zwar ihr Schmuckstück, doch sonst nichts und beendeten ihr Leben als Bettler. Wenn sie Glück hatten, fanden sie ein paar Zuhörer, vor denen sie ihr Seemannsgarn spinnen konnten, zum Beispiel von der Expedition ins sagenhaften Goldland ⇢ **Eldorado,** oder vom Überfall auf die spanischen Goldschiffe, die nach der Entdeckung und Eroberung Amerikas das Gold der Neuen in die Alte Welt transportierten. Den Indios jedenfalls hat ihr Gold kein Glück gebracht: Sie wurden von den

⇢ **Eldorado**
Die Bezeichnung für das legendäre Goldland im Innern Südamerikas geht auf einen religiösen Brauch in Kolumbien zurück: Einmal im Jahr ließ sich der Kazike von Guatavita am ganzen Körper mit Goldstaub überpudern und fuhr – als „el dorado" (span. „der Vergoldete") – auf den heiligen See hinaus, um zu opfern und den Goldstaub im Wasser abzuwaschen.

„Gold kauft die Stimme großer Haufen, / Kein einzig Herz erwirbt es dir.“ *Johann Wolfgang von Goethe, Lieder*

Spaniern mitleidlos ausgebeutet, misshandelt und getötet, Zehntausende kamen in den Goldminen um, Hunderttausende durch Krankheiten, die die Europäer eingeschleppt hatten. Seither gilt, was Theodor Fontane in einem Brief schrieb: „Das Elend des Menschengeschlechts wurzelt in der verfluchten Anschauung, dass Gold und Glück identisch seien. Umgekehrt wird ein Schuh daraus.“

Gold gilt von jeher als Sinnbild der Unveränderlichkeit, der Ewigkeit und der Vollkommenheit; der goldene Ehering steht dafür. Als Sonnen- und Feuersymbol bedeutete es darüber hinaus die (verzehrende) Liebe und die (Unwissen verbrennende) Erkenntnis.

Wie eng Gold und Glück für Fontanes Zeitgenossen zusammengehörten, zeigte der kalifornische „Goldrausch“ Mitte des 19. Jahrhunderts. Noch in Bayern, Preußen und Hessen kratzten Tagelöhner, Fabrikarbeiter und Abenteurer ihr letztes Geld zusammen und buchten eine Passage nach Übersee, um im gelobten Land ihr Glück zu machen. Die Hoffnung auf den großen Fund ist noch heute lebendig: 100 000 Mitglieder umfasst die amerikanische Dachorganisation der Goldsucher. Den Gewinn machen – nicht anders als vor 150 Jahren – in erster Linie jedoch die Ausstatter und Manager. Goldfieber!

1 Goldene Mumienmaske eines Inka

2 Goldgranulat vor der Verarbeitung

3 Präkolumbische Goldschmiedekunst: „el dorado“ auf dem Floß

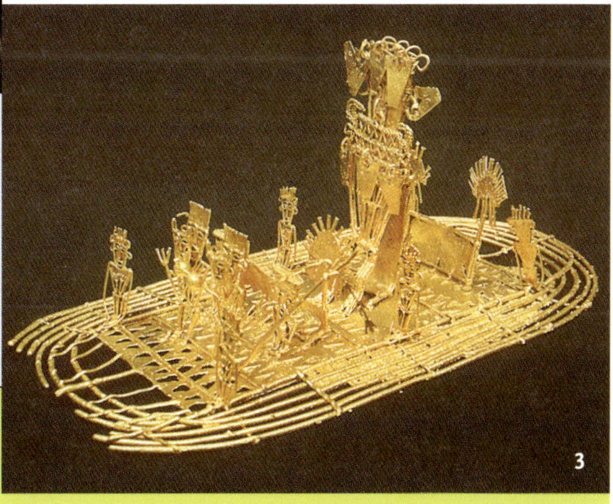

Happy End *in Cinemascope*

Filme sind Fluchthelfer! Für einen kurzen Augenblick entführen sie uns aus dem banalen Alltag in eine schillernde Traumwelt. Nichts ist hier unmöglich, das Unwahrscheinliche nicht und nicht das vernünftigerweise zu Erwartende. Und so darf das Publikum, bei jedem Film aufs Neue, auf einen glücklichen Ausgang hoffen. Ob diese Hoffnung trügt oder sich erfüllt, ob die beiden auf der Leinwand zueinander finden oder ihre Liebe an unglücklichen Umständen scheitert: Diese Fragen bewegen Millionen. So funktioniert Kino! Tatsächlich haben die großen Liebesfilme, die, die uns im Gedächtnis bleiben, meist kein Happy End. Ganz offensichtlich hinterlässt das tragische Scheitern einen tieferen Eindruck! Die romantische Komödie jedoch kann auf die Erfüllung der Liebe nicht verzichten, und wenn es noch so lange – meist sind es fast 90 Minuten! – dauert, bis sie sich einstellt. Bis all die Irrungen und Wirrungen überstanden sind und die beiden sich kriegen. Dabei wussten wir von Anfang an, dass sie füreinander bestimmt sind.

„Wer wollte da widerstehen, wer ließe nicht wonnig rinnen, was quillt? ... Das wirkt wie Zwiebel und Nieswurz, die Träne kitzelt im Dunkeln, in würdiger Heimlichkeit verreibe ich sie mit der Fingerspitze auf den Backenknochen.“ *Thomas Mann über einen Kinobesuch*

Dass sich Humphrey Bogart und Ingrid Bergman in „Casablanca“ am Schluss trennen müssen, macht den Zuschauer nicht unglücklich – er geht mit der Gewissheit aus dem Kino, dass es die große Liebe gibt. Und das allein zählt. In diesem Sinn endet sogar „Titanic“ happy, obwohl Jack (Leonardo DiCaprio) ertrinken muss. Er hat zumindest jenes überwältigende Gefühl erfahren, das ein romantisches Herz – und wer trüge es nicht in der Brust! – pochen lässt. Die Menschen wollen glücklich sein, im Leben wie im Kino. „Schau mir in die Augen, Kleines!“

Kriegen sich in letzter Minute: Holly (Audrey Hepburn) und Paul (George Peppard) in „Frühstück bei Tiffany“

Filmglück vor dem Untergang: die „Titanic“-Stars Leonardo DiCaprio (Jack) und Kate Winslett (Rose)

Die Bestätigung ihrer Liebe, aber kein Happy End gab es für Rick und Ilsa in „Casablanca“.

2

3

Heile Welt – *das Glück im Winkel*

„Dicht neben dem Wehe der Welt, und oft auf seinem vulkanischen Boden, hat der Mensch seine kleinen Gärten des Glücks angelegt."
Friedrich Nietzsche

Kennen Sie die Schildknechts? Nein? Dann werden Sie sie auch nicht mehr kennen lernen! Die Katastrophenfamilie aus der TV-Serie „Lindenstraße" gehört mittlerweile der Vergangenheit an; außer Tanja sind alle gestorben. Selbstmord, Leukämie und Trunksucht rafften die Mitglieder in schöner Konsequenz dahin – und eine rund acht Millionen Zuschauer zählende Fangemeinde saß in der ersten Reihe wie gebannt. Schöne neue Fernsehwelt!

Die „Lindenstraße" ist eine öffentlich-rechtliche Seifenoper, die sich wie keine andere im deutschen Fernsehprogramm der „heilen Welt" verweigert. Hier werden Illusionen nur fabriziert, um wenig später mit ihnen aufzuräumen: Alles wird gut! Bis zur nächsten Katastrophe. Tatsächlich ist das Interesse an fremdem Unglück nur die Kehrseite der unstillbaren Sehnsucht nach einem Leben in Harmonie mit sich selbst und der Welt. Für zwei Drittel aller Deutschen stellen Gemütlichkeit und Geborgenheit die wichtigsten Parameter des Wohlbefindens dar. Wo beide fehlen, werden sie inszeniert – in Form von Ritualen: Da sammeln sich die Familienmitglieder unter dem Weihnachtsbaum, auch wenn keinem danach ist. Oder mithilfe von Konsumgütern: Noch nie in der Geschichte des Mobiliars waren Polstermöbel so ausladend, so weich und so gefragt wie in den westlichen Industriegesellschaften.

Cocooning
Der Begriff „Cocooning" wurde Anfang der 80er-Jahre von der amerikanischen Trendforscherin Faith Popcorn geprägt: „Das Kokon-Dasein bedeutet Isolierung und Vermeidung, Friede und Schutz, Geborgenheit und Kontrolle – eine Art überdimensionaler Nestbau."

Das Bedürfnis, die harte Welt auszusperren und sich in seinen eigenen vertrauten Winkel zurückzuziehen, ist groß. Die einen verbarrikadieren sich in ihren vier Wänden, was neudeutsch

Die heile Welt des Biedermeier: „Der Sonntagsspaziergang“ von Carl Spitzweg, 1841

Um 1880 kam in Thüringen der Gartenzwerg auf und machte erstaunliche Karriere.

1

2

Biedermeier
Gottlieb Biedermeier hieß jener fiktive Schöpfer treuherzig-biederer Gedichte, den freche Intellektuelle erfanden, um die Epoche zwischen 1815 und 1848 – die später nach ihm benannt wurde – als Zeit des Stillstands und der Friedhofsruhe zu verspotten.

⇢ **Cocooning** genannt wird, oder hinter Gartenzäunen. Andere suchen jeden Sonntag aufs Neue verzweifelt nach einem Fleckchen unberührter Natur, sprich: heiler Welt.
Heile Welten sind die Erfindung unheiliger Zeiten! Im deutschen ⇢ **Biedermeier,** dem Prototyp der niedlichen kleinen Bürgerwelt, in der es heiter-geordnet zuging, brodelte es im „geistigen Untergrund“; da wurden neue politische Ideen geboren, die nicht nur das Regime gefährdeten, sondern auch vom unpolitischen Bürger als Bedrohung seiner friedlichen Existenz empfunden wurden.

In solchen Zeiten „neuer Unübersichtlichkeiten“ (Jürgen Habermas) wächst das Bedürfnis, sich von der instabilen Außenwelt abzuschotten und in die künstliche Idylle zu flüchten. Vor 150 Jahren genauso wie heute: Mitten in Berlin-Marzahn, Europas größtem Neubaugebiet, steht zwischen grauen Plattenbauten aus DDR-Zeiten auf einem Grashügel eine imposante Windmühle, die 1991 nach historischem Vorbild errichtet wurde. Heile Welt par excellence!

Heilige – *Helfer in der Not*

Sie schützen Länder, Orte, Kirchen, Kapellen und Berufe, kämpfen gegen Drachen, sorgen für eine gute Ernte und haben für alle Arten von Sorgen jederzeit ein offenes Ohr. Wer ihnen Vertrauen entgegenbringt, darf sich ihres Wohlwollens sicher sein „Freunde Gottes" (Wali Allah) nennt sie der Islam – die Rede ist von den Heiligen, jenen Mittlern zwischen den Welten, deren Fürsprache im Himmel besonderes Gewicht hat!

Gott ist weit weg, unerreichbar, unfassbar. Heilige sind konkret, sie waren einmal Menschen, die wegen ihrer Tugenden zum Vorbild wurden, aber das Leben kannten, seine Versuchungen, seine Enttäuschungen und den Schmerz. Die buddhistischen ⇢ **Bodhisattvas** verzichten aus Mitleid mit anderen auf ihre eigene Erlösung; sie genießen kultische Verehrung, weil sie – anders als der historische Buddha Sakyamuni – in allen Notsituationen angerufen werden können. „Durch Verdichtung ihrer göttlichen Kraft vermögen Heilige lebende Wesen vor Krank-

1 Silberne Votivgabe aus dem Kreszentiakloster in Kaufbeuren

2 Die hl. Katharina von Siena, Patronin Italiens, von Andrea Vanni, 14. Jh.

3 Gnadenaltar der 14 Nothelfer in der Wallfahrtskirche Vierzehnheiligen

heit und Seuchen zu bewahren und alljährlich das Korn reifen zu lassen", glaubten die Chinesen. Diese Wunder wirkende Macht zeichnet auch die christlichen Heiligen aus, und deshalb wenden sich die Gläubigen in der Not an sie. „Hier liegt Martin, der Bischof, heiligen Angedenkens, dessen Seele jetzt in Gottes Hand ist; aber er ist hier, anwesend und gegenwärtig in Wundern aller Art", steht auf dem Grabmal des heiligen Martin von Tours. Gräber waren Fixpunkte des mittelalterlichen Heiligenkults, Reliquien heiß begehrte Objekte der Verehrung: Sie wurden in kostbaren Schreinen aufbewahrt und zur Schau gestellt, aber auch gefälscht oder geraubt. Der Reliquienkult lebte und lebt von dem Glauben, dass die Kraft von Menschen, die zu Lebzeiten Wunder wirkten, auch nach deren Tod besteht. So soll etwa das Öl, das die in Eichstätt begrabenen Gebeine der heiligen Walburga absondern, seine heilende Wirkung sogar gegen die Pest bewiesen haben. Noch heute wird es als Allheilmittel in kleinen Flaschen an der Klosterpforte verkauft.

Bodhisattvas
Bodhisattvas sind „Wesen der Erleuchtung", die auf die Erlangung der Buddhaschaft verzichtet haben, um an der Erlösung der Menschheit mitzuwirken. Nach Ansicht des Mahayana-Buddhismus steht die Buddhaschaft jedem offen, der bereit ist, das Wohl aller Kreaturen unermüdlich zu fördern.

Während die Reformation die Heiligenverehrung abschaffte, leben in katholischen Ländern Kulte und Wallfahrtsstätten fort. Wie vor Jahrhunderten pilgern die Gläubigen noch heute zum heiligen Jakobus von Compostela oder reisen nach Padua, um einmal den Sarkophag des heiligen Antonius zu berühren. Zwar sind symbolträchtige Votivgaben – etwa eine wächserne Kröte für Kindersegen – seltener geworden. Aber das „Ora pro nobis!" – „Bitte für uns!" – geht auch dem modernen Katholiken in der Not noch leicht über die Lippen.

Zu den berühmtesten Schutzheiligen zählen die „Vierzehn Nothelfer" (Achatius, Ägidius, Barbara, Blasius, Christophorus, Cyriacus, Dionysius, Erasmus, Eustachius, Georg, Katharina, Margareta, Pantaleon und Vitus). Sie gelten als besonders wirkungskräftige Helfer und werden in Nöten aller Art angerufen. In Bayern und Österreich sind Kultstätten schon im 13. Jh. bezeugt.

Heureka – *ich habs!*

„Heureka“ – „Ich habs gefunden“, jauchzte Archimedes, als er, in der Badewanne planschend, das Gesetz des Auftriebs entdeckte. Der Grieche gilt als der größte Mathematiker des Altertums – und als Prototyp des erkenntnishungrigen Wissenschaftlers, dem keine Aufgabe zu schwierig, kein Problem unlösbar erscheint: „Gib mir einen Punkt, wo ich stehen kann, und ich werde die Erde in Bewegung setzen.“ Es ist bekannt, dass ···→ **Wissenschaftler** seltsame Menschen sind. Sie stellen komplizierte Berechnungen und Überlegungen an, sprechen eine Sprache, die nur ihre Kollegen verstehen, und achten nicht auf das, was um sie herum vorgeht. Trotzdem – oder gerade deswegen – genießen sie ein hohes Ansehen in der Gesellschaft. Weil sie im göttlichen Buch der Natur zu lesen verstehen und weil ihre Entdeckungen, von der Wasserschraube bis zum Mikrochip, für das Glück jedes Einzelnen unverzichtbar erscheinen. „Es gibt nur ein einziges Gut für den Menschen: die Wissenschaft, und nur ein einziges Übel: die Unwissenheit“, erklärte Sokrates, der berühmteste Weisheitslehrer der Antike, seinen Mitbürgern. Johann Wolfgang von Goethe sah die Sache differenzierter: „Das schönste Glück des denkenden Menschen ist, das Erforschliche erforscht zu haben und das Unerforschliche ruhig zu verehren.“

Bei der Eroberung von Syrakus wurde Archimedes (285–212 v. Chr.) von einem römischen Soldaten erschlagen, als er gerade mit der Lösung eines kniffligen Problems beschäftigt war. „Störe meine Kreise nicht“, sollen seine letzten Worte gelautet haben.

···→ **Wissenschaftler**
Das Wort Wissenschaftler (englisch „scientist“) wurde erstmalig 1840 von William Whewell gebraucht: „Wir benötigen dringend ein Wort, um einen Menschen zu bezeichnen, der Wissenschaft im Allgemeinen betreibt. Ich möchte dazu neigen, ihn einen Wissenschaftler zu nennen.“

Wissenschaftler sind auch nur Menschen! Glück und Zufall spielen deshalb in der Forschung, wie in allen anderen Bereichen des Lebens, eine bedeutsame Rolle. Viele zukunftsweisende wissenschaftliche Entdeckungen sind das Resultat unvorhergesehener Ereignisse oder unbeabsichtigte Abfallprodukte: Als der schottische Bakteriologe Alexander

Fleming im September 1928 auf einer Staphylokokkenkultur, die er in einem Londoner Krankenhaus routinemäßig angesetzt hatte, Schimmel fand, wollte er die wertlos gewordenen Bakterien schon wegwerfen. Bei genauerem Hinsehen machte der spätere Nobelpreisträger allerdings eine aufregende Entdeckung: Rund um den Schimmel hatte sich der Bakterienrasen aufgelöst. Ein Jahr später veröffentlichte Fleming seinen bahnbrechenden Zufallsfund: „Über die antibakterielle Wirkung der Kulturen des Penicillium".

„Ein Mensch wünscht sich ganz unaussprechlich, / dass Glück und Glas sein unzerbrechlich. / Die Wissenschaft vollbringt das leicht: / Beim Glas hat sies schon fast erreicht."
Eugen Roth

Fleming hatte eines der wirkungsvollsten Medikamente aller Zeiten entwickelt, doch mittlerweile ist das lebensrettende Wundermittel von einst zum Fluch geworden: Mehr als 40 000 Patienten sterben in Deutschland pro Jahr an resistenten Bakterien – weil zu viel des Guten geschieht: weil zu viele Antibiotika verschrieben, zu viele Antibiotika in der Tiermast verwendet werden.

Der britische Bakteriologe Alexander Fleming, „zufälliger" Entdecker des Penicillins

„Archimedes im Bade", mittelalterliche Buchmalerei

Horoskop – *das Glück der Sterne*

1

⇢ **Astrologie**
Bis in die Neuzeit hinein wurde zwischen der Astrologie, d. h. der Deutung der Sternenkonstellation, und der Astronomie, d. h. der Berechnung der Sternenwanderung, kein Unterschied gemacht.

Der Begriff „Horoskop“ ist aus zwei griechischen Wörtern zusammengesetzt: aus „hora“ (Stunde) und „skopein“ (schauen). Letztlich handelt es sich um die Darstellung der Planetenkonstellation zum Zeitpunkt eines bestimmten Ereignisses, besonders der Geburt eines Menschen.

Über 80 Prozent der Deutschen glauben, dass an der ⇢ **Astrologie** „irgendetwas dran ist“; zwei Drittel lesen laut einer Umfrage des Allensbach-Instituts für Demoskopie in Zeitschriften ihr Horoskop. Das Geschäft mit den Sternen boomt – trotz der niedrigen Trefferquote der Pauschalhoroskope und trotz der zahlreichen Stimmen, die vor falschen Propheten und vermeintlichen Kausalzusammenhängen warnen. 5000 Astrologen erwirtschaften zurzeit allein in Deutschland einen Jahresumsatz von über 100 Millionen Mark. Sie profitieren dabei von Ängsten und Sehnsüchten, die älter sind als die Astrologie selbst: Aus Angst vor der ungewissen Zukunft und aus Sehnsucht nach mystischer Vereinigung mit den unerreichbaren himmlischen Sphären haben bereits die Sumerer im ersten vorchristlichen Jahrtausend die astrale Geheimschrift der Götter zu entziffern versucht. Über Griechenland und die arabische Halbinsel gelangte die Kunst der Sterndeutung nach Mitteleuropa, wo neben die gelehrte Astrologie alsbald eine stark vereinfachte Volksastrologie trat, die ihre Weisheiten häufig in Reime und Sinnsprüche kleidete.

Die traditionellen Grundprinzipien gelten bis heute: 1. Mikro- und Makrokosmos, Mensch und Welt, himmlisches und irdisches Geschehen sind durch einen geheimnisvollen Parallelismus miteinander verbunden. Daher lassen sich aus der Konstellation der Gestirne, aus der Stellung von Planeten und Fixsternen Rückschlüsse auf irdische Ereignisse und das menschliche Schicksal ziehen. 2. Zeitpunkt ist nicht gleich Zeitpunkt. Für jede Handlung, ob

1 Tierkreiszeichen „Fische“ aus dem „Hortus deliciarum“ der Herrad von Hohenburg, um 1170

2 „Der anatomische Mensch“ im Tierkreis, französische Buchmalerei um 1416

3 Spuckt das Horoskop auf Knopfdruck aus: Jahrmarktautomat

2

3

Hochzeit oder Staatsvertrag, gibt es günstige und ungünstige Zeitpunkte. „Alles hat seine Stunde. Für jedes Geschehen unter dem Himmel gibt es eine bestimmte Zeit“, heißt es im Alten Testament. Schon immer haben Astrologen für sich in Anspruch genommen, über den jeweils günstigen Zeitpunkt Auskunft geben zu können. Darin liegt ihr eigentlicher Beitrag zum Glück – und in der autosuggestiven Stärkung desjenigen, der an seinen „guten Stern“ glaubt.

Welche bedeutende Rolle das Glück in der Astrologie spielt, beweisen die zahllosen „Glückselemente“, die sich an die zwölf Tierkreiszeichen angelagert haben und meist durch die jeweils herrschenden Planeten bestimmt werden: Glückstage, Glücksorte, Glückssteine (Monatssteine), Glückszahlen, Farben, Tiere, Pflanzen – ein perfekt organisiertes Universum des Glücks!

⇒ „Die Sterne wandeln ihren Weg und achten auf alle Menschen. Wenige der Erdgeborenen kümmern sich darum.“
Wilhelm Raabe

Hufeisen, *richtig aufgehängt*

1

Eine Schmiede konnte man früher an ihrem aus zahlreichen Hufeisen komponierten Aushängeschild – dem „Strauß des hl. Eligius“ – erkennen. Eligius (588–660) war ein Goldschmied, der nicht nur wegen seiner Kunstfertigkeit, sondern auch wegen seiner Ehrlichkeit und Frömmigkeit bekannt war. Später wurde er, ohne Priesterweihe, zum Bischof von Noyon gemacht. Die christliche Kunst stellt ihn mit einem silbernen Hufeisen als Attribut dar, er ist Patron der Schmiede, Goldarbeiter und Bauern.

Es ist ungemütlich kalt, ein stürmischer Wind bläst von Nordost und lässt das englische Flaggschiff auf den Wellen tanzen. Am Horizont zeichnen sich die Masten einer riesigen Flotte ab: der Feind! Die Schlacht von Trafalgar steht unmittelbar bevor. Wind und Wetter nicht achtend, verlässt Admiral Horatio Nelson das Kommandodeck, in der rechten Hand ein schwarz glänzendes Hufeisen. Der abergläubische Engländer eilt auf den Hauptmast seines Schiffs „Victory“ zu und nagelt den Glücksbringer ans Holz. Aber Fortuna ist eine unberechenbare Göttin: Die Schlacht wird gewonnen, ohne dass auch nur ein einziges Schiff verloren geht, doch Nelson selbst fällt. Vielleicht hat sich das Glück dem einäugigen Admiral versagt, weil er sich nicht in allen Punkten an die Vorschriften des Volksglaubens gehalten hat: Soll ein Hufeisen Glück bringen, muss man es finden, ohne es gesucht zu haben; nur als Zufallsfund entfaltet es seine ganze Zauberkraft, ist es mit besonderer Magie aufgeladen. Je mehr (rostige) Nägel drinstecken, desto besser. Vielleicht hatte Nelson das Hufeisen gesucht, was er lieber hätte bleiben lassen sollen, und vielleicht hat er es an jenem besagten Tag, im Eifer des bevorstehenden Gefechts, auch noch falsch herum angenagelt: mit der Öffnung nach oben. Nach unten muss es zeigen, damit das Glück aus der „Schale des Halbmonds“ herausfließen kann und das Unglück an der Wölbung abgleitet.

Seine Glückskraft verdankt das Hufeisen weniger seiner Form als seinem Material, dem Eisen! Das einst sehr seltene und darum umso kostbarere Metall symbolisierte – nicht zuletzt als Zeugnis einer der großen Wenden in der Geschichte der Menschheit – seit seiner Entdeckung Schutz vor Unheil. Von Plinius dem Älteren (23/24–79 n. Chr.) wissen wir, dass bereits die Römer davon überzeugt waren, dass Hufeisen Glück bringen. Dem Schmied galt in den alten Kulturen besonderer Respekt, da er ständigen Umgang mit dem geschätzten Metall hatte und es nach seinen Vorstellungen formte – mit Hilfe des Feuers, des reinigenden und wärmenden, aber auch zerstörerischen Elements. Auch in der germanischen Sagenwelt fand diese Wertschätzung ihren Niederschlag: Eine ihrer Hauptgestalten ist Wieland, der Schmied.

Wie die Dorfschmiede und das Pferd ist auch das Hufeisen aus unserem Alltag verschwunden, seine magische Funktion blieb davon unberührt: Es schützt die Eingangstür zum Reihenhaus und den Kühlergrill des Autos. Auch architektonische Spuren hat es hinterlassen: Die Berliner „Hufeisensiedlung“ wurde 1925–33 um einen Teich herum errichtet.

1 Beliebter Glücksbringer: Hufeisen aus Marzipan

2 Rostige Hufeisen an einem Elsässer Fachwerkhaus

3 Luftaufnahme der „Hufeisensiedlung“ von Bruno Taut in Berlin-Neukölln

Das Glück im **Internet**

Nie gab es mehr Information als heute! Mit explosionsartiger Geschwindigkeit zirkulieren die elektronischen Bits durch die digitalen Netze, verknüpfen sich zu Gedanken und Ideen, stiften Kommunikation und Verwirrung, lösen sich wieder auf und versinken im Strudel des Cyberspace. Die Welt schwimmt in Information. Manchmal schlagen die Wellen über dem Menschen zusammen, manchmal freilich spülen sie ihn auch an Land – und vor die Füße des Glücks. Virtuelle Realität!

···› **Internet**
Erfunden wurde das Internet vom Pentagon, dem US-amerikanischen Verteidigungsministerium. Im Fall eines Nuklearangriffs sollte es die militärische Kommunikation sicherstellen. Heute gilt es als das Informations- und Kommunikationsmedium der Zukunft.

Das ···› **Internet** ist auch eine Chance für das Glück. Immer mehr Menschen nutzen heutzutage die Möglichkeit der weltweiten Kommunikation per Datenhighway: Sie wählen sich in globale Diskussionsforen ein, hängen einfach nur so zum Spaß in so genannten Chatrooms herum oder suchen via E-Mail den Mann beziehungsweise die Frau fürs Leben! Online-Liebe, Cybersex und Eheschließungen im Internet sind schon längst keine exotischen Ausnahmen mehr, sondern selbstverständliche „Glücksstrategien“ im Kommunikationszeitalter. Schneller als in jeder Kneipe findet man im Internet Gleichgesinnte, mit denen sich zwanglos plaudern lässt. Die digitalen Treffpunkte sind virtuelle Textwelten, in die sich die Teilnehmer einschreiben können, ohne ihre Identität preisgeben zu müssen. Rückzug ist jederzeit möglich, dumme Anmache ein Problem der Echtwelt. Darin liegt für viele der Reiz – und natürlich in der obsessiven Lust am Austausch mit wildfremden Menschen, am Spiel mit Masken, Kostümen und wechselnden Identitäten. Virtuelle Welten sind imaginative Spiellandschaften!

„Das Sein verliert seine Bezugspunkte. Sein heißt „in situ“ sein, hier und jetzt, „hic et nunc“. Genau diese Verortung aber wird vom Cyberspace und der globalisierten Realzeit-Information erschüttert.“
Der französische Philosoph Paul Virilio über die Folgen des Cyberspace

1 Das Glück im Internet findet Joe Fox (Tom Hanks) in dem Erfolgsfilm „Em@il für Dich“.

2 Seine Partnerin beim elektronischen Liebesgeflüster: Kathleen Kelly (Meg Ryan)

„Tiny Sex“ oder „Tiny Lovemaking“ nennen die Amerikaner die erotische Kommunikation via Internet – wenn von zwei physisch voneinander getrennten Partnern via Bildschirm elektronische Zärtlichkeiten ausgetauscht werden.

Nicht immer hält die Realität, was der Cyberspace verspricht: Steht plötzlich die große Internet-Liebe vor der Tür, wünschen viele sich die alten E-Mail-Zeiten zurück. Der sehnsuchtsvoll erwartete Augenblick gerät zur großen Enttäuschung, der persönliche Kontakt zur Katastrophe. Dann ist guter Rat teuer. Zum Glück gibt es Lebensberater und Brieffreunde, die in einer solchen Situation per Netzpost mit aufmunternden Worten und einschlägigen Tipps zur Stelle sind. Jenen unglückseligen Surfern, die sich im Netz verfangen, im Virtuellen verlieren, ist freilich nur schwer zu helfen. Auf sie trifft die Beschreibung des spanischen Nobelpreisträgers José Saramago zu: „Man verlässt nicht mehr die Wohnung, lebt von allen und allem abgeschnitten in der furchtbarsten Einsamkeit, aber ans Internet angeschlossen und dadurch mit der ganzen Welt verkabelt. Das ist das Ende der materiellen Welt der Erfahrung, des konkreten fleischlichen Kontakts. Die Auflösung der Körper.“ Unglück im Internet!

„Die Netze ermöglichen dem Einzelnen rauschhafte Gefühle von Omnipotenz, in denen er sich aufblähen kann zu erdumspannender Größe.“ So der Autor und Online-Freak Peter Glaser über die Gründe für die „geradezu fantastische Andachtsbereitschaft der Computerbenutzer“.

Jägers Lust – *Weidmanns Heil*

1

„Ich seh' das Rennen, ich seh' das Jagen, / Und wenn mich die Menschen umdrängen und fragen: / Was tust du nicht mit? Warum stehst du beiseit'? / So sag ich: Alles hat seine Zeit. / Auch die Jagd nach dem Glück. All derlei Sachen, / Ich lasse sie längst durch andere machen."
Theodor Fontane

Zum Schutz vor Hagel, Blitz und anderen Katastrophen wurden mancherorts Hirschgeweihe am Hausgiebel angebracht. Um das Jahr 1551 setzte man sogar den oberen acht Spitzen des Wiener Stephansdoms Hirschgeweihe auf „wider das Einschlagen des Donners".

Was hat die Jagd mit Glück zu tun, werden sich viele fragen. Nun, auch zur Jagd benötigt man Glück. Und sie schenkt Freuden, „Weidwerks Freuden", die nicht gering zu achten sind. Doch das ist es nicht allein. Auf eine gewisse Weise sind alle Menschen Jäger: „Jäger des verlorenen Schatzes", auf der Jagd nach dem Glück.

Seit der „Homo erectus" vor etwa 1,6 Millionen Jahren den aufrechten Gang erlernte, wandelte er sich schrittweise vom Aasfresser zum Jäger. Nicht nur als Nahrungserwerb erlangte die Jagd für die frühe Entwicklung des Menschen herausragende Bedeutung, sondern auch als Gruppenunternehmung, die kommunikative und soziale Fähigkeiten förderte. Als der Mensch sesshaft wurde, Ackerbau und Viehzucht betrieb, verlor die Jagd immer mehr ihre existentielle Relevanz, bis sie schließlich im deutschen Mittelalter zum Privileg und geschätzten Zeitvertreib der adeligen Schicht wurde, – und zum Symbol für die leidenschaftliche Suche nach spirituellen Zielen. Keiner hat dies treffender formuliert als der mittelalterliche Mystiker Meister Eckhart. Die Seele, bedeutete er seinen Zeitgenossen, suche „in glühender Jagd" ihre Beute – Christus. Vom Wandel eines passionierten Jägers zum frommen Christen erzählt die Legende des heiligen Hubertus (655–727): Eines Tages begegnete dem jungen Adeligen im Wald ein Hirsch, der im mächtigen Geweih ein leuchtendes Kreuz trug. Statt ihn zu erlegen, bekehrte sich Hubertus, führte ein frommes asketisches Leben und wurde zum Patron der Jäger. Älter als das Christentum sind die magisch-religiösen Bräuche um die Jagd, die sich in großer Zahl in Jäger- und Sammlerkulturen entwickelten. Um die geheimnisvollen Kräfte, die man hinter der äußeren Erscheinung des Tieres vermutete, zu ergründen und zu beeinflussen, beobachtet man das Tier genau, suchte nach Zeichen, ahmte seine Bewegungen in kultischen Tänze nach, man zeichnete Tiere an Höhlenwände und opferte sie. Teile des Tieres fanden als Amulett Verwendung. Besonders begehrt sind noch heute im gesamten Alpenraum die „Hirschgrandeln“, die Eckzähne – seit je Symbole von Lebens- und Zeugungskraft – des Hirsches, die mit Vorliebe am ⇢ **Charivari** getragen werden.

Übrigens: Wünschen Sie niemals einem Jäger Glück! Das bringt Unglück. Und schießen Sie niemals einen weißen Hirsch, wie es der österreichische Thronfolger Franz Ferdinand getan hat. Er wurde wenig später in Sarajevo ermordet.

Charivari
Charivari nennen die Bayern das schwere Trachtenschmuckgehänge, das an der Weste, am Rock oder am Schürzenbund getragen wird und sich durch ein buntes Sammelsurium unterschiedlichster Amulette und Talismane auszeichnet. Hirschgrandeln gehören immer dazu.

2

3

Amulett der Inuit, aus Walrosszahn geschnitzt

„König Konradin und Gefährte auf der Falkenjagd“, Buchmalerei aus dem Codex Manesse, um 1310–40

Mit der Büchse im Anschlag beim Schuss.

1

Keine Angst vor schwarzen **Katzen**

Jeder kennt die Situation: Man spaziert nichts ahnend vor sich hin, auf einmal kreuzt von links eine schwarze Katze den Weg. Was tun? Den Spaziergang fort- und sein Glück aufs Spiel setzen, umdrehen, die Straßenseite wechseln? Schließlich geht man weiter – mit einem flauen Gefühl in der Magengrube: Vielleicht ist ja doch etwas dran an dem alten Aberglauben?

Zahllos sind die Sprichwörter und Redewendungen, die um das Thema Katze kreisen. Zumeist dominiert der negative Aspekt: „Die Katze lässt das Mausen nicht“, „Böse Katzen, die vorne lecken, hinten kratzen“, „Wie die Katze um den heißen Brei herumlaufen“ – die Liste ließe sich beliebig verlängern. Katzen hatten keinen guten Leumund, nicht in Europa. Die Ägypter dagegen, die aus der nubischen Falbkatze die Stammform der europäischen Hauskatze züchteten, lagen ihr zu Füßen: Sie verehrten sie als Göttin, riefen sie um Rat an, balsamierten sie nach ihrem Tod wie einen Menschen ein und setzten sie auf eigenen Katzenfriedhöfen bei. Die Europäer schätzten Katzen als Mäusejäger – und fürchteten ihre Rätselhaftigkeit. Im Tarot steht die Katze mit den Mächten der Finsternis in Verbindung, und während der blutigen Hexenverfolgungen mussten Abertausende schwarzer Katzen ihr Leben lassen, da man sie verdächtigte, mit Teufel, Hexen und Zauberern im Bunde zu stehen – oder selbst Hexen zu sein. Man glaubte nämlich, dass Hexen neunmal in Gestalt einer Katze wiedergeboren werden können, so wie man ja auch der Katze selbst neun Leben zuschrieb. Obwohl derlei Vorstellungen, in milder

Die ägyptische Katzengöttin Bastet war ursprünglich wohl eine Lokalgottheit, die „gewaltige Herrin von Bubastis“ im Nildelta. Sie wurde als fröhliche Göttin der Liebe und Freude verehrt und charakterisierte gemeinsam mit ihrem Gegenstück, der löwenköpfigen Sechmet, die göttliche Wesenheit zwischen Furcht und Liebe. Dargestellt wird sie entweder als sitzende Katze, voller Anmut und Stolz, als liebevolle Katzenmutter oder stehend in Frauengestalt mit lachendem Katzenkopf.

Form, noch heute in den Köpfen spuken, schickte sich bereits 1727 der Naturforscher Moncrif an, die schwarze Katze zu rehabilitieren. In seiner „Geschichte der Katze“ schrieb er: „Die Farbe Schwarz wird den Katzen von ungebildeten Menschen arg verübelt: Sie steigert das Feuer ihrer Augen, und das genügt, dem Volk einzureden, dass sie mindestens Hexen seien.“ In einigen europäischen Ländern, etwa in England und Schottland, avancierten die vormaligen Unglücksboten sogar zu Glücksbringern. Wenn am Hochzeitstag eine schwarze Katze vor der Braut niest, wird die Ehe glücklich. Und sollte dem Bräutigam dieselbe Katze über den Weg laufen, braucht er bloß dreimal auszuspucken, um das Unheil abzuwehren.

Als Haustier ist uns die Katze lieb und teuer, und manchmal wird sie auch als Wetterprophetin geschätzt: Wenn die Katze schnurrt und sich die Nase reibt, gibt es schönes Wetter, wenn sie gähnt, kommt der Regen.

2

1 Bastet, Ägypten, 6. Jh. v. Chr.

2 Keine Angst vor schwarzen Katzen!

3 Wie zur Hexe gehört auch zur „Märchendrude“ die schwarze Katze. Gemälde von Paula Modersohn-Becker

3

Glückliche Kindheit

Um Neugeborene, die als besonders gefährdet galten, vor dämonischen Einflüssen zu schützen, behängte man sie mit Edelsteinen, Glückstalern, bunten Bändern und Amuletten gegen den bösen Blick.

Die Kindheit ist ein seltsam zwielichtiger Ort: voll von Ängsten und Hoffnungen, unbekannten Gefahren und vertrauten Gewohnheiten. Spektakuläre Entdeckungen und abgrundtiefe Enttäuschungen wechseln einander in schneller Folge ab. Was eben noch die Aufmerksamkeit des Kindes zu fesseln wusste, ist wenig später bereits vergessen, langweilig, tot. Freundschaften werden geknüpft und aufgekündigt, Interessen und Loyalitäten ausgetauscht, nichts hat Bestand, alles ist im Fluss, das Glück absolut, intensiv – und flüchtig.

Glückliche Kindheit: Wer sie verlassen hat, sehnt sich zurück, zurück nach den Gewissheiten aus Kindertagen, nach Schutz und Geborgenheit, aber auch nach der naiven Neugier, den kleinen Experimenten und großen Erfahrungen, nach dem ersten Mal. „Ich kann davon träumen, wie ich einmal das Gehen lernte“, schrieb Walter Benjamin in seiner „Berliner Kindheit“. „Doch das hilft mir

1

2

1 Glückwunschkarte zum ersten Schultag von 1925

2 Glückliche Stunden: Kinder beim Spiel im Hinterhof

nichts. Nun kann ich gehen, gehen lernen nicht mehr." Ein Kind, das gehen lernt, fällt hin, stößt sich möglicherweise das Knie auf ... und rappelt sich wieder hoch. Die ersten vorsichtigen Schritte sind Auftakt zu kommenden Eroberungen und ein seliger Triumphmarsch hinein ins Herz der Erwachsenenwelt.

Eine glückliche Kindheit ist keineswegs die Regel, sondern das Produkt glücklicher Umstände und Zeitläufte! Kinder, die in Krieg und Elend hineinwachsen, dürfen auf unbeschwertes Glück nicht hoffen, heute so wenig wie in früheren Zeiten, da Kindheit als eigenständiger Lebensabschnitt kaum wahrgenommen wurde und Kinder bereits in jungen Jahren ihren Lebensunterhalt verdienen mussten. ⇢ **Kindstötungen** waren in archaischen Kulturen weit verbreitet. Seuchen, mangelhafte Ernährung und Krankheiten sorgten im Mittelalter und in der frühen Neuzeit zusammen mit katastrophalen hygienischen Verhältnissen für eine hohe Kindersterblichkeit. Und im 19. Jahrhundert, dem Zeitalter der Industrialisierung, wurden sogar Sechsjährige für den Profit Erwachsener und die Segnungen des Fortschritts in Fabriken und Bergwerken um Kindheit, Gesundheit und Glück gebracht. Trotz alledem hat es früher ausgesprochene „Glückskinder" gegeben. So nannte man nicht etwa die Sonntagskinder, sondern diejenigen Neugeborenen, deren Kopf noch von der Fruchtblase überzogen war. Tapferkeit und Reichtum sollten ihnen sicher sein. Viele Hebammen verdienten sich mit dem Verkauf von „Glückshauben" ein paar Groschen dazu.

⇢ **Kindstötungen**
Jäger-, Sammler- und Nomadenvölker regulierten das Bevölkerungswachstum auch durch die Tötung von Neugeborenen. Die Spartaner stürzten kränkliche Neugeborene in eine Schlucht. Im christlichen Mittelalter dagegen konnten Kindsmörderinnen – meist verzweifelte, unverheiratete Frauen in materieller Notsituation – nicht auf „mildernde Umstände" hoffen: Sie wurden mit dem Tod bestraft.

> „Alles, alles trifft mir ein, / muss ein Sonntagskind wohl sein / und auf Glückeshaut geboren."
Adelbert von Chamisso, „Hans im Glück"

Das vierblättrige **Kleeblatt**

1

Eine Erinnerung an die Zauberkraft des Klees haben Märchen und Sagen bewahrt: In einem schottischen Märchen vermag eine Magd Feen zu sehen, weil sie ein vierblättriges Kleeblatt bei sich trägt. In einer Tiroler Sage wird ein Wanderer dank eines Kleeblatts unsichtbar.

Ein paar wertvolle Tipps für Menschen, die noch an das Glück glauben:
An Kleeblättern klebt das Pech, also stehen lassen! Ausnahme ist, neben dem vierblättrigen, das fünfblättrige, das eine glückliche Ehe verspricht. Sorgen muss sich machen, wer allzu häufig fündig wird: „Wer leicht findet vierblättelten Klee, der kriegt viel Ach und Weh." Zu viel Glück ist eben nicht auszuhalten!

Gärtnereien haben sich darauf spezialisiert: Sie züchten vierblättrigen Klee, bieten ihn in Töpfen an – und „betrügen" ihre Kunden damit um das Glück, das sich diese vom Kauf der Pflanze erhoffen. Aus Unwissenheit und/oder Geschäftssinn – wer will es ihnen verübeln? Dass Glück sich nicht kaufen lässt, schon gar nicht für ein paar Mark, dürfte allerdings auch denen bekannt sein, die die Glückskraft des weit verbreiteten Schmetterlingsblütlers zwar vom Hörensagen kennen, aber nicht wissen, was es damit auf sich hat. Tatsächlich handelt es sich bei der Gärtnerzucht bestenfalls um eine wohlfeile Dekoration, keinesfalls jedoch um einen Glück wirkenden Talisman! Vier Blätter machen eben noch keinen Sommer. Damit er zum Glücksklee wird, braucht es einen scharfen Blick, ein wenig Geduld – und viel Glück. Der Glücksklee will nämlich zufällig gefunden und darf nicht gekauft werden. Das Weitere ergibt sich von selbst: „Welcher ein Kleeblatt mit vier Blettern findet, der sol das in wirden halten, sol sein Lebenlang glückselig und reich sein." Oder er soll es weitergeben, dann bringt es beiden Glück: dem Finder und dem Beschenkten.

Die unaufhaltsame Karriere des Glücksklees begann in unseren Breiten im frühen Mittelalter: Keltische Mönche kamen aus Irland, England und Schottland auf das europäische Festland und brachten neben der christlichen Botschaft auch das Symbol des Kleeblatts mit, in seiner dreiblättrigen Gestalt Sinnbild der Heiligen Dreifaltigkeit und Emblem Irlands, als „Vierklee" Symbol des Kreuzes und der Auferstehung. Ihre magische Kraft hat die

1 Marzipan-Glückwunsch mit Kleeblatt

2 In den irischen Kreuzen findet sich die Form des Kleeblatts wieder.

3 Vierblättriger Klee als Glücksbringer auf einer russischen Neujahrskarte von 1912

4 Sauerklee mit vier Blättern

einstige heilige Pflanze der Druiden nie verloren: „Vil glaub(t)en, der vier plettert kle / Mach, das man kön gaucklen sehen.“ Wer sich vierblättrigen Klee in den Schuh lege, so sagte man, der könne in der Kirche alle Hexen erkennen, würde während einer Reise nicht müde und mit einem glücklichen Ausgang seines Geschäfts belohnt werden.

Körperkult *und Schönheitswahn*

„Glück ist die beste Kosmetik", dieser Satz galt einmal. Kosmetik – und kosmetische „Operationen" im weitesten Sinne – gehören heute einfach dazu. Schönheit ist im Zeitalter von Körperkult und Fitnesswahn längst ein strategisches Pfund, mit dem wuchern muss, wer im Kampf ums Glück, das private ebenso wie das berufliche, nicht auf der Strecke bleiben will. „Fit for fun" heißt die Lifestyle-Devise der leistungsorientierten Spaßgesellschaft. Schwitzen für den Zeitgeist!

Sigmund Freud war sich sicher, „dass das Lebensglück vorwiegend im Genuss der Schönheit gesucht wird ... Diese ästhetische Einstellung zum Lebensziel bietet wenig Schutz gegen drohende Leiden, vermag aber für vieles zu entschädigen."

Zahlreiche Untersuchungen beweisen es: Wer gut aussieht, hat es leichter im Leben. Das lässt man sich natürlich einiges kosten: Milliarden Mark werden jedes Jahr mit Schönheitsprodukten umgesetzt. Sport-, Fitness- und Wellness-Studios locken Hunderttausende an die modernen Foltergeräte, und immer mehr Menschen beiderlei Geschlechts begeben sich für die Schönheit unters Messer.

Leiden für die Schönheit mussten und müssen allerdings vor allem die Frauen! Die Verstümmelung

1

2

1 Muskelpakete als „Auswüchse" eines modernen Fitnesswahns

2 Leiden für die Schönheit: Padaungfrau in Birma

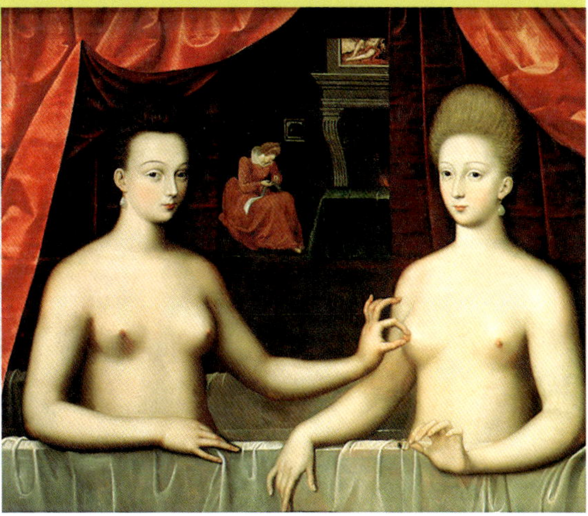

Das Schönheitsideal ihrer Zeit verkörperte die Geliebte des französischen Königs Heinrich IV.: „Gabrielle d'Estrées und ihre Schwester im Bad"; das Werk eines anonymen Malers entstand um 1592.

des weiblichen Körpers besitzt eine lange Tradition, in aller Herren Länder: In China wurden adeligen Mädchen seit dem 12. Jahrhundert die Füße zu winzigen „Lotosfüßchen" verkrüppelt; in Birma und bei manchen ostafrikanischen Stämmen ziehen Metallringe den Hals heranwachsender Mädchen in die Länge. In anderen Gegenden Afrikas und in den Urwäldern Brasiliens vergrößern eingelegte Scheiben die Unterlippen ins Gigantische.

„Ein Mann hat verdammt nochmal nach nichts zu riechen als nach sich selbst", befand einst der amerikanische Schriftsteller und praktizierende Macho Ernest Hemingway. Diese Zeiten sind vorbei. Heute kommen auch Männer nicht mehr umhin, sich mit ihrem Äußeren zu beschäftigen.

In Europa wurde die Frau in den 1920er-Jahren vom Schnürmieder befreit und konnte aufatmen, aber nur so lange, bis die Diät die Herrschaft übernahm. Trotz aller Mühen ist eins gewiss: Dem gängigen, von allen Ecken, Kanten und falsch platzierten Rundungen befreiten Schönheitsideal entsprechen nur wenige Frauen. Aber wer im Geschichtsbuch der Schönheit blättert, wird feststellen, dass ästhetische Normen höchst wandelbar sind. Die Gotik bevorzugte schlanke, biegsame Körper – das Barock liebte die schon sprichwörtliche Fülle. Glücklich – zu allen Zeiten – die Frau, die sich damit abfindet, nicht „optimal", aber dafür sie selbst zu sein.

Krieg *und Frieden*

Krieg und Frieden sind die beiden Pole, zwischen denen die Geschichte ihre tausend dünnen Fäden spinnt. Der Krieg zerstört die Häuser, frisst die Leiber und vergiftet die Herzen. Allenfalls ein „gerechter" Krieg sei zu rechtfertigen, lehren seit dem Mittelalter seine Theoretiker. Als gerecht aber gilt ausschließlich derjenige Krieg, der drohendes Unglück verhindert und erlittenes Unrecht wieder gutmacht. Die Wirklichkeit sah – und sieht – stets anders aus: Jeder Krieg vermehrt das Elend, dem er vorzubeugen verspricht, und jeder Krieg spielt sich so ab, „als wäre die Menschheit auf den Begriff der Gerechtigkeit noch überhaupt nie gekommen" (Elias Canetti). Die Wirklichkeit des Kriegs ist der Tod!

Und doch gab es zu allen Zeiten Menschen, die mit einem strahlenden Lächeln in den Krieg zogen und das höchste Glück dabei empfanden, ihr Leben

Rüstung eines Samurai, so genannter Do Maru-Typus, gefertigt um 1750 im Stil des 14. Jh.s

auf dem „Altar des Vaterlands“ zu opfern. Denken wir an die japanischen Kamikaze-Piloten des Zweiten Weltkriegs oder an jene deutschen Studenten, die im Ersten Weltkrieg bei Langemark trunken vor Kampfeslust die feindlichen Linien berannten und ohne Ausnahme niedergemetzelt wurden. Mitunter geraten ganze Völkerschaften in einen wahren Kriegsrausch oder präsentieren sich trotzig bei Rockkonzerten als Zielscheibe, wie jüngst in Serbien geschehen. Doch spätestens wenn die eigene Existenz bedroht ist, lässt die Begeisterung nach und weicht der Sehnsucht nach Frieden. – Existenzbedrohend war der Frieden für Berufskrieger, etwa die im alten Japan hoch geachteten ⇢ **Samurai.** Oder für die berüchtigten europäischen Landsknechte des 16. und 17. Jahrhunderts, die ganze Landstriche in Schutt und Asche legten, solange sie nur dafür bezahlt wurden.

Dem liberalen Staatsrechtler Carl von Rotteck galt der Krieg in historischer Perspektive „fast als Regel“, der Friede dagegen „bloß als Unterbrechung des Kriegs“. Wie nach ihm der berühmteste Theoretiker des Kriegs, Carl von Clausewitz, sah auch Rotteck in der Herstellung des Friedens das Ziel des Kriegs und seine einzige Rechtfertigung.

Das Glück hat im Krieg immer eine wichige Rolle gespielt. Schlachten wurden gewonnen oder verloren – wegen einer zufällig abgefangenen Botschaft oder wegen eines plötzlichen Wetterumschwungs. Alexander der Große büßte auf dem Weg durch die Wüste Belutschistans drei Viertel seiner Truppen ein, weil der in diesem Jahr aus ungünstiger Richtung wehende Monsun seine Nachschubflotte an der Mündung des Indus festhielt. Napoleon I. half dem Glück nach, indem er militärische Kommandos Marschällen anvertraute, „die das Glück auf ihrer Seite“ hatten. Sein Glück verließ ihn nach eigener Überzeugung erst, als er sich von seiner ersten Frau Joséphine, seinem „Talisman“, scheiden ließ.

Samurai
Einer eindeutig bestimmten und sozial anerkannten Kaste, dem niederen Kriegsadel, gehörten die japanischen Samurai an. Sie lebten nach dem „Bushido“, einem ritterlichen Ehrenkodex, der nicht nur die perfekte Beherrschung des Kriegshandwerks verlangte, sondern auch Todesverachtung, Disziplin, Loyalität gegenüber dem Herrn und Güte gegen die Schwachen.

Das Wunder der **Liebe**

Die Liebe ist eine Himmelsmacht – oder wird von den meisten wenigstens dafür gehalten. Das Glück, das sie stiftet, ist nicht von dieser Welt und doch das höchste auf Erden. Die Liebe hat viele Gesichter: die Mutterliebe, die Vaterlandsliebe, die Liebe zu einer Idee, zu Gott, die Liebe, die den Hass überwindet, jene, die aus der völligen Selbstaufgabe entsteht, die Affenliebe, die Vorliebe, die erste Liebe, die blinde Liebe, die junge und die späte Liebe, die romantische, erotische, eheliche Liebe. Und die Liebe, die stärker ist als Krankheit und Tod. Eine solche hat der „Arme Heinrich" erlebt, dessen Geschichte der Dichter Hartmann von Aue um 1195 erzählte. Heinrich war ein schöner junger Ritter, als plötzlich das Unheil über ihn kam: Er wurde vom Aussatz befallen, und nichts konnte ihn heilen als das „herzebluot" einer Jungfrau, die sich freiwillig für ihn opfert. Tatsächlich liebte ein einfaches junges Mädchen den „armen Heinrich" mehr als ihr Leben. Doch als er sie nackt vor dem Arzt liegen sah, vollzog sich der Wandel. Betört von ihrer Schönheit und Güte, lehnte er das Opfer ab – und wurde gesund durch die Liebe.

„Das größte Glück nächst der Liebe besteht darin, die Liebe eingestehen zu dürfen."
André Gide

„Schön bist du, meine Freundin,/ ja, du bist schön./ Zwei Tauben sind deine Augen./ Schön bist du, mein Geliebter,/ verlockend,/ frisches Grün ist unser Lager,/ Zedern sind die Balken unseres Hauses,/ Zypressen die Wände."
Das Hohelied 1,16–17

Der Zufall hat seine Hand im Spiel, wenn zwei sich finden. Aber dass sie zusammenbleiben, hat mit Wollen zu tun, mit Kampf manchmal um das Glück, gegen eigene Unzulänglichkeiten, gegen „Liebestöter", wie der Alltagstrott einer sein kann, aber auch gegen die anderen, die diese Liebe zerstören wollen. Wir leben in toleranten Zeiten, da ist jeder in der Liebe seines Glückes Schmied. Dennoch sind Geschichten über zwei, die nicht zusammen-

Für die Liebe ist Platz in der kleinsten Hütte, auch im Vorzelt des Wohnwagens.

Liebesschwur aus Zuckerguss

Im Überschwang der Gefühle

kommen, populär wie eh und je, fiktive Geschichten wie die von Romeo und Julia, Tristan und Isolde oder Hero und Leander. Aber auch wahre, wie die von Heloise und Abälard, die sich im Paris des 12. Jahrhunderts zutrug. Beide mußten für ihr unerlaubtes, kurzes Glück bitter büßen: Heloise schickte man ins Kloster. Und Abälard wurde öffentlich entmannt.

Geschichte und Literatur des Abendlands sind voll von solchen Tragödien! Und vielleicht gefallen sie uns so gut, weil sich in ihnen die Liebe nicht im Alltag verschleißt oder aus eigenem Versagen erlischt, sondern weil das Ende des Glücks von außen erzwungen wird. Da kann, trotz Trennung oder sogar Tod, die Liebe ewig währen. Und nichts wünschen wir uns sehnlicher, als dass dieses herrliche, lebenspendende Gefühl unsterblich sei.

„Das Glück ist nur die Liebe. Die Liebe ist das Glück."
Adelbert von Chamisso

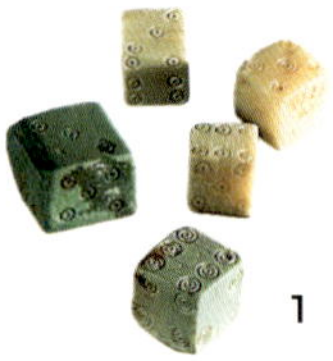
1

Lasst **Los** *und Würfel sprechen*

Kein Sterblicher kann das Los eines Menschen vorhersagen. Was einem bestimmt oder nicht bestimmt ist, das wissen die Götter; von ihnen hängen Glück und Schicksal des Einzelnen ab. Will man ihre Absicht in Erfahrung bringen, muss man die „schwarzen und die heitern Lose" (Friedrich von Schiller) zu Rate ziehen. Jahrtausendelang war dieser Glaube unangefochten. Er rechtfertigte eine Orakelpraxis, die von zwei Bedürfnissen bestimmt war: in die Zukunft zu sehen und unlösbar scheinende Konflikte unparteiisch entscheiden zu lassen. Es wurde geschüttelt, geworfen und gezogen – nicht nur auf Erden, sondern auch im Himmel: Im Alten Testament erbittet Saul im Streit mit seinem Sohn von Gott ein Losurteil. Die zwölf germanischen Hauptgötter, die Asen, würfelten auf goldenen Spielbrettern um das Schicksal der Welt. Vor ihnen hatten das bereits drei griechische Brüder getan: Zeus gewann das All und Poseidon das Meer, während Hades, der unglückliche Verlierer in diesem großen Würfelspiel, mit der Unterwelt vorlieb nehmen musste.

Das lateinische Wort „sors", das französische „sort", das englische „lot" und das deutsche „Los" haben dieselbe Doppelbedeutung: Schicksal und Auslosung, sprich: Lotterie! Dahinter steht, dass das Leben des Einzelnen wie das Schicksal der Menschheit von Kräften gelenkt wird, die sich der unmittelbaren Einflussnahme durch den Menschen entziehen.

Neben dem wahrsagenden, dem beratenden und dem verteilenden, das heißt Streitfälle schlichtenden Los kannte das Mittelalter eine vierte Losart: das Glückslos im heutigen Sinne. Glückshafen nannte man im Mittelalter den Topf, aus dem die Lose – Gewinner und Nieten – gezogen wurden, später wurde daraus die Bezeichnung für die Glücksbude selbst. Der Topf verschwand irgendwann und wurde durch eine Lostrommel oder das Glücksrad ersetzt, das sich noch heute auf Provinzjahrmärkten dreht. Von jeher werden die Hoffnungen der Loskäufer auf einen Gewinn auch für gemeinnützige Zwecke genutzt: Vorläufer der modernen Tombola zur Unterstützung einer wohltätigen Organisation gibt es in Deutschland seit dem 16. Jahrhundert, etwa den Glückshafen der Schützenbruderschaften.

Die Wandlung vom spätmittelalterlichen Glücks- zum modernen Lotterielos ist ein Verdienst Johannes Gutenbergs. Dank seiner Erfindung des Buchdrucks wurde es ab Mitte des 15. Jahrhunderts möglich, papierene Spielscheine als Massenware zu produzieren. Mit spektakulärem Erfolg: Der „Riesenglückstopf“ der Straßburger Lotterie von 1575 – zwei große Kessel, in die ein Halbwüchsiger gleichzeitig hineingriff, um den Gewinn und seinen Gewinner zu ermitteln – enthielt mehrere zehntausend Lose. Kurfürst Johannes Kasimir soll alleine 1100 gekauft haben – leider ausnahmslos Nieten. Der mehrtägigen Ziehung hat er allerdings nicht beigewohnt – das ließen die Staatsgeschäfte nicht zu.

Zur Unterhaltung seiner Männer während der Kampfpausen soll der griechische Truppenführer Palamedes die Würfel erfunden haben. Sein Pech, dass sie ihn später beim Falschspiel ertappten und töteten.

2

1 Antike Würfel aus Knochen

2 Lose: gewonnen oder verloren?

3 „Die Würfelspieler“, Gemälde von Georges de La Tour, um 1650

3

Die Sprache des **Lotos**

„Hat man Lotosblumen gesehen, dann weiß man nichts mehr von anderen Blüten", schrieb der buddhistische Malermönch Sung Ch'i im 11. Jahrhundert. Chinesische Buddhisten haben seit je ein besonderes Verhältnis zu dieser Wasserpflanze, die in Ägypten vor allem als Symbol der Wiedergeburt und in Indien als Fruchtbarkeits- und kosmogonisches Schöpfungssymbol verehrt wurde. Im Riesenreich der Mitte gehört der weiße Lotos zu den acht buddhistischen „Kostbarkeiten" oder Glückszeichen. Allenthalben stößt man dort auf die zarte Wasserpflanze: in Architektur, Malerei und Dichtung, aber auch in Tempelteichen, Gartenanlagen und auf seidenen Kimonos.

Der Lotos fand Verwendung in Mythologie, Religion und Kunst, aber auch im Alltag: als Duftspender, Schmuck, Nahrungsmittel und Heilpflanze. An Anmut und Wohlgeruch der Wasserpflanze entzündete sich die Fantasie: Die Ägypter hießen den Lotos „die Schöne", die Lotosblüte galt ihnen als Königin der Blumen und avancierte in der Hieroglyphenschrift zum Zeichen für Freude.

Buddha selbst ist das „Kleinod in der Lotosblume". Diese Bezeichnung basiert auf einer alten, sehr populären Legende: Bei Buddhas Geburt teilte sich die Erde, ein großer Lotos wuchs heraus und gab den „Glücklichen" frei. Überall, wohin er seinen Fuß setzte, spross ein Lotos aus dem Boden. Die Pflanze hat ihn aber nicht nur geboren, sondern sie hat ihm auch den Weg gewiesen: Ähnlich der reinen Blüte des aus Sumpfwasser emporsteigenden Lotos wächst nach buddhistischer Überzeugung der erleuchtete Mensch aus den Trübungen der irdischen Erscheinungswelt dem Licht des Nirwana entgegen. Für den gläubigen Buddhisten symbolisiert der Lotos das Glück der Erlösung, der endgültigen Befreiung von Leid, Schmerz und Unglück! Dass dieses Glück nicht mit dem „kotigen, trägen Glück von Besitz, Ehre und Ruhm" (Buddha) verwechselt werden darf, versteht sich von selbst.

„Om mani padme hum" – „Das Kleinod in der Lotosblume" heißt die magische Gebetsformel des tibetischen Buddhismus.

1 Buddhas auf dem Lotosthron, Qiyuan-Tempel, Anhui, China

2 Lotosblüte

3 Pektoral des Tutanchamun mit Lotosfriesen

Lotto – *das kalkulierte Risiko*

1

Märchen, die das Leben schreibt: Ein Bewohner der süditalienischen Kleinstadt Grottaglie knackte im Februar 1999 den Jackpot des „Superenalott" von 87 Millionen DM – noch nie zuvor wurde in Europa eine größere Summe von einer Einzelperson gewonnen: Europarekord! Solche Schlagzeilen heizen die Fantasie an und sorgen dafür, dass das populäre Spiel mit den Zahlen ein lukratives Geschäft bleibt: für die wenigen Glückspilze, die mit relativ geringem Einsatz hohe Gewinne erzielen, für die privaten Betreiber und für den Staat, der kräftig abkassiert und deshalb von Anfang an die Veranstaltung von Lotterien gefördert hat. Die größte Lotterie stellt gegenwärtig der in Spanien veranstaltete „El Gordo" (Der Fettwanst) mit einem Preisgeld von mehr als 100 Millionen Dollar dar. Doch auch in den anderen europäischen Ländern werden regelmäßig riesige Summen ausgeschüttet – und von Spielern investiert. Allein in Deutschland werden im Jahr mehr als 400 DM pro Kopf für Lotterien ausgegeben.

Die erste Lotterie fand 1445 im flandrischen Sluis statt; aus ihr entwickelte sich die ⇢ **Klassenlotterie.** Das moderne ⇢ **Zahlenlotto** ist ein Abfallprodukt der genuesischen Senatorenwahl, die 1575 eingeführt wurde. Damals schlossen die Bewohner Wetten ab, welche fünf der insgesamt 90 Kandidaten gewählt würden. Aus Lust am Wetten wurde das Ganze bei den folgenden Wahlen wiederholt; später ersetzte man die Namen durch Zahlen: Das „Lotto di Genna" war geboren und fand allerorten Nachahmer. Das erste Zahlenlotto auf deutschem Boden wurde 1735 in Bayern durchgeführt, doch bald wie-

⇢ **Klassenlotterie**
Bei der Klassenlotterie sind Zahl und Preis der Lose, Zahl und Höhe der Gewinne sowie Zahl und Zeit der verschiedenen Ziehungen (Klassen) von vornherein festgelegt. An den Ziehungstagen werden aus dem Nummernrad die Losnummern und aus dem Glücksrad die Gewinne ermittelt.

⇢ **Zahlenlotto**
Der Spieler wettet unter Einsatz einer beliebig hohen Summe darauf, dass sich die von ihm aus einer Reihe ausgewählten Zahlen unter denen befinden, die bei der nächsten Ziehung gezogen werden. Die Gewinne werden entsprechend den richtigen Voraussagen in Gewinnklassen ausgezahlt.

der eingestellt. Friedrich der Große rief 1763 das „Lotto 5 aus 90“ ins Leben, um mit den Einnahmen sein Neues Palais in Potsdam zu finanzieren. Bedeutend jünger ist die hierzulande beliebteste Wettform: „6 aus 49“ geht auf das 1952 genehmigte und 1956 auch auf die Bundesrepublik ausgeweitete Berliner Zahlenlotto zurück.

Wo so viel Geld zu gewinnen ist, will man nichts dem Zufall überlassen. Da das Spiel selbst nicht zu beeinflussen ist, will man durch magische Praktiken das Glück erzwingen: Man verlässt sich auf Träume von bestimmten Ziffern oder auf persönliche Glückskombinationen. Die Quote übrigens – und die entscheidet schließlich darüber, wie viel jeder Sechser wert ist – lässt sich auch mit ganz banalen Mitteln beeinflussen: Niemals die 19 ankreuzen; denn die hat praktisch jeder Tipper im Geburtsdatum! Und keine hübschen grafischen Muster auf dem Tippschein entwerfen, auch das ist unter Lottospielern sehr beliebt und drückt deshalb, im Falle eines Falles, die Quote enorm nach unten. Dann also viel Glück!

Plakat der staatlichen französischen Lotterie von 1940

Immer wieder spannend: die Ziehung der Lottozahlen

Der Jackpot lockt!

Die Last mit der **Lust**

„Die geschlechtliche Beziehung zwischen Mann und Frau ist eine Sache, welche die Anwendung geeigneter Methoden durch beide Partner erfordert; eben diese Methoden können aus dem Kama Shastra erlernt werden."
Kamasutra

Ein Datum, das bundesdeutsche Mediengeschichte schrieb: Am 17. Januar 1961, 22.15 Uhr, läuft Romy Schneider durchs Bild, barbusig. Sie ist damit die erste Nackte im deutschen Fernsehen – und Anlass für einen veritablen Skandal. Der Bayerische Rundfunk schaltet sich aus der Sendung, dem Theaterstück „Lysistrate", aus. Die „sexuelle Revolution" können die Münchner Programmdirektoren freilich nicht verhindern: Im Juni kommt die Pille auf den Markt, und nur ein Jahr später eröffnet in Flensburg der erste Sexshop der Welt.

Die Geschichte der Sexualität ist eine Geschichte hemmungsloser Ausschweifungen und rigoroser Tabuisierung, eine Erzählung von Sehnsucht, Verlangen und erfüllter Leidenschaft, aber auch von Verboten, Übertretungen und Strafen, von Macht, Unterdrückung und wütendem Aufbegehren. Die Protagonisten der „sexuellen Revolution" erhofften sich von der Befreiung der Sexualität die Geburt des neuen Menschen, die Heraufkunft des Glücks. Ihre

Der Lingam, Symbol für den Gott Shiva, verkörpert – in Verbindung mit der Schale, die für die Göttin Yoni und die Weiblichkeit steht – den männlichen Aspekt der Schöpfung.
Shiva-Lingam aus Kushana, 2. Jh. v. Chr.

„Der standhafte Philosoph", Gemälde von Gerard van Honthorst, 1623

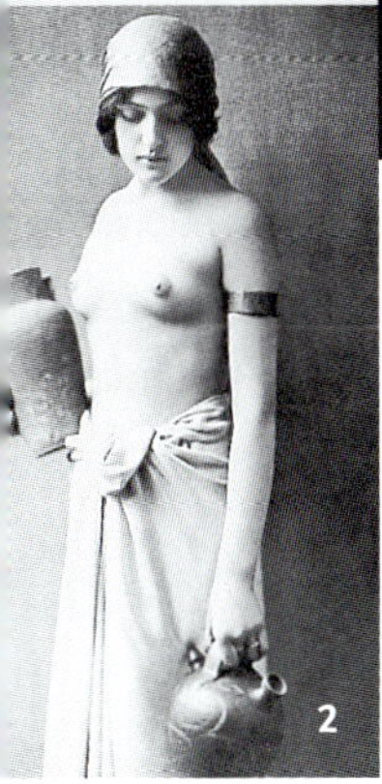

Lust und Heuchelei: Die Aktfotografie der frühen Jahre gab sich gern einen „kultivierten" Anstrich.

konservativen Widersacher beteten zur gleichen Zeit vor dem bayerischen Kultusministerium in München gegen die Einführung des Sexualkundeunterrichts an den Schulen, weil sie das Abendland in seinen Grundfesten bedroht sahen. Die Angst vor der Sexualität trieb schon die seltsamsten Blüten, aber offensichtlich bringt auch die große Freiheit nicht unbedingt das Glück: Leistungsstress beim Sex, Orgasmuszwang im Bett, menschenverachtende Hardcore-Pornographie. Da wird die Lust zur Last, und das Glück des Augenblicks, in dem sich zwei ganz nah sind, bleibt auf der Strecke. Die „sexuelle Revolution" hat zwar mit verklemmten Moralvorstellungen aufgeräumt, aber auch neue Probleme geschaffen. An die Stelle von Schuld, Scham und Sünde, von Ahnungslosigkeit, Verteufelung und Heuchelei ist die Übersexualisierung der Gesellschaft getreten. Kein Wunder, dass es Leute gibt, die keine „Lust" mehr haben: Seit einigen Jahren beobachten Soziologen einen leichten Rückgang der Koitusfrequenz in den westlichen Industrieländern. Macht die Lust nicht mehr ganz so glücklich?

„Und lass du nicht die Geliebte im Stich, indem du ihr mit vollen Segeln vorauseilst, und auch sie soll nicht deiner Fahrt voraussein. Eilt gemeinsam zum Höhepunkt; dann ist die Lust vollkommen, wenn Mann und Frau gleichzeitig besiegt daliegen."
Ovid

Machiavellis *„fortuna“*

„Ich möchte Fortunas Macht vergleichen mit einem reißenden Strom, der, wenn er wütend überschwillt, die Fluren überflutet, Bäume und Häuser niederreißt, hier Erde fortspült, um sie dort anzuschwemmen ... Aber diese Wildheit des Stromes hindert nicht, dass die Menschen in ruhigen Zeiten Vorkehrungen treffen, Dämme und Deiche errichten, sodass die Fluten, wenn sie anschwellen, durch einen Kanal abgeleitet werden oder ihr Anprall nicht so überwältigend und gefährlich ist.“
Niccolò Machiavelli

Er gehört zu den großen Denkern der Politik und wurde gehasst wie kein Zweiter. Staatsmänner und Politiker haben seine Ideen öffentlich verurteilt und seine Ratschläge insgeheim befolgt. Die Rede ist von Niccolò Machiavelli (1469–1527), dem kühlen Analytiker der Macht, den es leidenschaftlich zur Politik drängte und dem doch dieses Glück, sein einziges, auf Dauer verwehrt wurde.

Machiavellis schriftstellerische Arbeit ist ein Abfallprodukt dieser erzwungenen Politikabstinenz und zugleich ein Glücksfall für die neuzeitliche Politikwissenschaft, als deren Mitbegründer er gelten darf. Niemals zuvor wurde Politik so nüchtern seziert, die Staatsräson so vorbehaltlos gepriesen und das Fleisch der Rhetorik so sorgfältig von den Knochen der Macht gelöst, wie es Machiavelli in seinen beiden berühmten Schriften, dem „Principe“ und den „Discorsi“, getan hat. Und nie zuvor wurden Glück und Politik so eng zusammen gedacht, wie in den Werken des unglücklichen Florentiners.

Zu den bedeutendsten Staatsmännern, die Machiavelli kritisierten, gehörte der preußische König Friedrich II. In seiner „Antimachiavell“ (1739/40) betitelten Gegenschrift nennt er ihn einen „Unhold, wie ihn kaum die Hölle hervorbrächte“.

Für Machiavelli zeichnet sich der große Politiker vor allem durch die Fähigkeit aus, die von „fortuna“ gebotenen Gelegenheiten zu ergreifen. Unter „fortuna“ versteht er die Summe all dessen, was das Schicksal des Menschen beeinflusst: wechselnde Umstände, unabsehbare Möglichkeiten, zu Hilfe kommende Glücksfälle und unerwartete Gegenschläge. Der Fürst, „il principe“, muss lernen, „sich zu drehen und zu wenden nach dem Winde und den Wechselfällen des Glücks“, doch darf er niemals blind auf dieses Glück vertrauen. Statt sich der Leitung durch den Zufall zu überlassen, sollte er

Blick auf Florenz, die Heimatstadt von Niccolò Machiavelli

Dieses berühmte Machiavelli-Porträt von Santi di Tito entstand erst eine Generation nach dem Tod des großen Schriftstellers und Staatstheoretikers 1527.

Kurz nach seiner Entlassung im Jahr 1513 verfasste Machiavelli einen Brief, der als Schlüssel zu seinem Leben gilt. Darin findet sich folgende Passage: „Welche Tücke des Schicksals, welche Höllenqual, dass ich aus ihr (der Welt der Staatsgeschäfte) vertrieben bin! O nähmen mich doch die Medici wieder in ihre Dienste, mich, den Vielerfahrenen, der seiner Vaterstadt so treu gedient hat."

in ruhigen Zeiten gegen das Unglück Vorkehrungen treffen , das Fortunas Macht heraufzubeschwören vermag. Ihre Gewalt zeigt die Göttin nämlich mit Vorliebe dort, „wo keine Kräfte zur Gegenwehr gerüstet stehen, und die Wogen des Schicksals wälzen sich dorthin, wo sie sicher sind, keine Dämme und Deiche zu finden, die sie hemmen".

Einen zweiten Rat gab er den Fürsten und jenen, die es werden wollten, mit auf den Weg: Es ist besser, „ungestüm zu handeln denn bedächtig, denn Fortuna ist ein Weib, und wer sie bezwingen will, muss sie schlagen und stoßen". Inzwischen sind einige Jahrhunderte vergangen, und des Florentiners „sexistische" Beschreibung will uns nicht mehr recht ins aufgeklärte Konzept passen. Doch gilt sein Rat noch immer, nicht nur für Politiker und für beide Geschlechter: Soll das Glück sich zeigen, darf man sich nicht hinterm Herd verkriechen! Machiavelli hat sich nicht verkrochen, und doch wollte es mit Fortuna nicht recht klappen: Nach 14 Jahren im Dienst der Republik Florenz wurde er 1513 von den zurückkehrenden Medici ins Exil geschickt.

1

Hans im **Märchenglück**

Märchen muss man hören! Ihren geheimnisvollen Zauber entfalten sie erst, wenn sie vorgelesen werden. Früher, als es keinen Fernseher gab, das elektrische Licht noch nicht erfunden war und die mühsame Tagesarbeit nach einem fröhlichen Ausklang verlangte, wurde abends erzählt und fabuliert: Märchenstunde – und ein kleines Stück vom Glück!

„Märchen sind Entwürfe von Glück. Zu ihrer Verheißung gehört: Niemand ist in so ausweglosser Lage, dass er sie nicht meistern könnte, niemand so gering von Stand und Beruf, dass er nicht König oder sie nicht Prinzessin werden könnte."
Ulf Diederichs

Märchen sind Glücksgeschichten; als „Träume von jener heimatlichen Welt, die überall und nirgends ist", sah sie der Dichter Novalis. Sie erzählen von einer Zeit, „als das Wünschen noch geholfen hat", und entführen in ein Zauberreich voller fantastischer Gestalten und Begebenheiten – schon dies ein Glück in karger Zeit. Und sie handeln selbst vom Glück – vom Glück des Tüchtigen, der mit List, Wagemut und magischem Beistand wider jede vernünftige Wahrscheinlichkeit alle Prüfungen besteht und am Ende den verdienten Lohn erhält: die Hand der Prinzessin, einen glücklichen Lebensabend, den Drachenschatz. Dem braven Märchenhelden eilt die ganze Welt zu Hilfe, fügen sich die Ereignisse dank fremden Eingreifens zum Happy End.

„Das Ratsamste, so hat das Märchen vor Zeiten die Menschheit gelehrt, und so lehrt es noch heute die Kinder, ist, den Gewalten der mythischen Welt mit List und Übermut zu begegnen."
Walter Benjamin

Beide, Fortunas Gunst und der glückliche Ausgang, gehören so wesentlich zum Märchen, dass ihr Fehlen auffiele. Sie sind unverzichtbare Bestandteile einer optimistischen Erzählstrategie, die gegen die tatsächlichen Erfahrungen sozialer Wirklichkeit das Walten einer ausgleichenden Gerechtigkeit behauptet und noch dem Verlorensten Mut und Zuversicht zuspricht: „Echte Märchen sagen uns, dass wir berufen sind, einmal ganz glücklich zu werden." (Karl Justus Obenauer)

Hans Christian Andersen, einer der bekanntesten und beliebtesten Märchendichter, lässt seine Autobiographie „Das Märchen meines Lebens“ mit den Worten enden: „Ich fühle, dass ich ein Glückskind bin.“ Glückskinder sind die Helden und Heldinnen der Märchen so oder so, früher oder später: Das tapfere Schneiderlein streckt „Sieben auf einen Streich“ nieder und gewinnt ein Königreich. Aschenputtel, von ihren Schwestern und ihrer Stiefmutter erniedrigt und verhöhnt, erringt die Liebe des Prinzen. Im „Rotkäppchen“ sind zu guter Letzt alle Opfer des Wolfs wieder lebendig. Und die Geschwister Hänsel und Gretel überlisten am Ende nicht nur die böse Hexe, sondern entkommen auch mit deren Schätzen. Wie man glücklich sein kann, obwohl man alles verliert, demonstriert die beliebteste deutsche Märchenfigur: Am Ende seiner Wanderschaft und nach sieben seltsamen Tauschgeschäften steht „Hans im Glück“ mit leeren Händen da und fühlt sich – von aller Besitzlast befreit – glücklich!

„Die Weisheit der Märchen: Immer wächst aus der Mühsal das Glück und aus dem Wunder das Wirkliche.“
Franz Fühmann

2

„Hans im Glück“ aus dem „Münchener Bilderbogen“

Märchenstunde mit der Großmutter

„Aschenputtel“, gezeichnet von Adolf Münzer, 1903

3

Melancholie

An der Wende zum 16. Jh. hat der Philosoph und Platon-Übersetzer Marsilio Ficino den Melancholiker als einen Menschen beschrieben, der zu überdurchschnittlichen Leistungen fähig sei, diese aber mit Niedergeschlagenheit, Schwermut und Depression bezahlen müsse. Im Geniekult der Romantik kehrt diese Vorstellung wieder.

„Warum muss ich ein Glück so tief empfinden, das mir nicht zuteil wird?", notierte der romantische Dichter August Graf von Platen in sein Tagebuch. „So vielen Menschen wird es vergönnt, durch ihre Gefühle beseeligt zu werden ..." Ihm nicht! Platen sah sich erfolglos und unverstanden, zurückgewiesen von Menschen, die er liebte oder deren Freundschaft er suchte. Schwermut, Weltschmerz, Grübelei, Lebensüberdruss – ein glückliches Schicksal möge uns davor behüten, allzu oft in solche Stimmungen zu verfallen! Und doch birgt diese Gemütslage, die wir Melancholie nennen, auch Glück in sich; denn auf die Abkehr von der enttäuschenden äußeren Welt folgt der Rückzug in die eigene innere Welt, die als die bessere erträumt und erdacht wird – und dann in Form von Kunst oder sozialen Utopien wieder nach außen dringt. Allerdings nur unter günstigen Umständen, denn es gibt auch die pathologische Form der Melancholie, die tiefe Depression.

Galen, neben Hippokrates der bedeutendste Arzt der Antike, hat den Melancholiker folgendermaßen beschrieben: „Er ist aufgetrieben, dunkelhäutig, von allerlei Begierden geplagt, niedergeschlagen, furchtsam, menschenscheu, meist grundlos traurig, gelegentlich aber unvermittelt heiter sowie verfolgt von vielfältigen Wahn- und Zwangsvorstellungen."

Von der anderen – der schöpferischen – Melancholie sprach der griechische Philosoph Aristoteles, als er sie zur Voraussetzung außergewöhnlicher Leistungen in Politik, Dichtung und den Künsten erklärte. Ähnlich dachte 2000 Jahre später Immanuel Kant, der dem Melancholiker „ein Gefühl für das Erhabene" zuschrieb – eben für all das, was über die simple, allen verfügbare Realität hinausgeht. Unzählige Künstler haben sich als Melancholiker zu erkennen gegeben, vor allem in der Romantik war Künstlertum, ja sogar das wahre Menschsein, eng mit der Melancholie verbunden. Dagegen sah das christliche Mittelalter in der ⇢ **Schwarzgalligkeit** nicht nur eine krankhafte

1 „Memories", Gemälde von Frederic Leighton, um 1883

2 „Die Melancholie", Gemälde von Lucas Cranach d. Ä., 1532

Störung des Gemüts, sondern auch eine Sünde. Wer zu viel grübelte oder gar von weltlichen Schwermutanfällen heimgesucht wurde, verlor mit der Kraft zur Kontemplation auch die Freude an Gott – und damit das einzig wahre Glück, das zu Lebzeiten errungen werden konnte.

Unsere Zeit ist nur allzu schnell bereit, melancholische Stimmungen mit chemischen „Glückspillen" zu vertreiben. Dennoch glauben viele noch immer an das romantische Ideal vom melancholischen Künstler: Weltfremd muss er sein, nicht an materiellen Werten, sondern nur am „Erhabenen" orientiert und vor allem unglücklich! Und wenn sich ein Popmusiker erschießt, ein Jungstar sich mit einer Überdosis Rauschgift das Leben nimmt, aus Lebensüberdruss und der Gewissheit: „Mir ist auf dieser Welt nicht zu helfen!" – so Heinrich von Kleist (1777–1811) vor seinem Selbstmord –, dann wird aus dem Todunglücklichen ein Idol.

Schwarzgalligkeit Der Ansicht von antiken und mittelalterlichen „Humoralmedizinern" zufolge wurde die Melancholie von der schwarzen Galle hervorgerufen. Die Galle galt als einer von insgesamt vier Körpersäften, die sich unmittelbar in unterschiedlichen Temperamenten äußern (sanguinisch, cholerisch, phlegmatisch und melancholisch). Das Ziel einer weisen Lebensführung müsse das Gleichgewicht dieser Säfte sein.

Ein **Mistkäfer** *als Talisman*

Dass einem Käfer die Fähigkeit zugeschrieben wird, Fortuna ein Lächeln ins Antlitz zu zaubern, dürfte einiges Erstaunen hervorrufen. Denn die kleinen Krabbeltiere gelten im Allgemeinen als üble Land-und-Leute-Plage. Eine Ausnahme bildet der „Siebenpunkt“ aus der Familie der Marienkäfer, der wegen seiner lebhaften roten Farbe und der Anzahl seiner schwarzen Punkte – die Sieben gilt als heilige Zahl – zum Glücksbringer wurde. Dieser gute Ruf ist wohl auch darauf zurückzuführen, dass zu den Leibgerichten des Siebenpunkts Milben sowie Blatt- und Schildläuse gehören: ein Schädlingsvertilger, wie man ihn sich besser nicht wünschen kann.

Die ägyptischen Amulettskarabäen waren oft mit einem Wunsch, einem Sinnspruch oder einem Königsnamen beschriftet. Als besonders wirkungsvoll galten die großen „Herzskarabäen", die an die Stelle des Herzens mit in die Mumienbinde eingewickelt wurden und am Tag des Totengerichts als Zeugen für den Toten aussagen sollten.

Im Gegensatz dazu ist ein anderer Glückskäfer, der Maikäfer, selbst ein Schädling, weil er mit Vorliebe frische grüne Blätter verzehrt und in manchen Jahren in Massen auftritt. Dass er trotzdem erstaunliche Popularität errang, in Volksliedern besungen und von Kindern eifrig eingefangen wird, liegt in der Jahreszeit begründet, in der er sich zeigt: Sein Erscheinen geht mit den ersten Wärmeperioden des Jahres einher, wenn alles sprießt und wächst und die Menschen sich auf den Sommer freuen.

Zu den bedeutendsten Glückssymbolen der Antike gehörte ebenfalls ein Käfer: der Mistkäfer, der ägyptische Skarabäus. Aus Speckstein, Ton oder kostbaren Materialien gefertigt, fand der „heilige Pillendreher" als Talisman geradezu massenhafte Verbreitung. Der Grund dafür war ein naturwissenschaftlicher Irrtum: Die alten Ägypter gingen nämlich davon aus, dass der Skarabäus aus der Mistkugel geboren werde, die er selbst dreht. Diese vermeint-

1 Glückskäfer auf VW-Käfer

2 „Schon fasst einer, der voran, Onkel Fritzens Nase an“, aus „Max und Moritz“ von Wilhelm Busch

3 Skarabäusarmband aus dem Grabschatz des Tutanchamun

1

2

3

liche Fähigkeit zur Selbstschöpfung machte ihn zum verehrten Symbol des Weltschöpfers und Sonnengottes Chepre. So entwickelte sich der unansehnliche Dungspezialist zu einem der bedeutendsten ägyptischen Sonnensymbole, zu einem Sinnbild des Lebens, der glücklichen Wiedergeburt und des (jeden Tag aufs Neue) wieder geborenen Glücks.

Prost Neujahr

1

„Same procedure as every year!" Mitternacht, die Korken knallen, wildfremde Menschen fallen sich in die Arme und wünschen sich ein glückliches neues Jahr. Tausende von Raketen pinseln farbenprächtige Bilder in den Himmel, auf den Straßen verscheuchen Knallkörper und Feuerräder böse Geister und böse Gedanken. Prost Neujahr!

Überall auf der Welt wird der Abschied vom alten und der Beginn des neuen Jahrs gefeiert, allerdings nicht überall am selben Tag. Neun verschiedene Jahresanfänge gibt es, und sie verteilen sich in schöner Unordnung über das ganze Jahr. Halten wir uns an den ⇢ **gregorianischen Kalender,** der heute in der Welt dominiert, so machen den Anfang die Christen mit ihrer feuchtfröhlichen Silvesternacht. Auf Ende September/Anfang Oktober fällt dagegen ⇢ **Rosch Haschana,** das jüdische Neujahr. Fast überall ist der Jahreswechsel ein Fest der ausgelassenen Freude und des Überschwangs, zugleich aber auch eine Zeit der Krise und des Übergangs: Das noch nicht restlos überwundene Alte liegt im Kampf mit dem heraufdrängenden Neuen, die bösen Dämonen der Vergangenheit stehen wider die guten Kräfte der Zukunft – und sind in dieser Zeit besonders aktiv!

Deshalb werden überall in der Welt die gefährlichen Geister von alters her mit Feuer, Licht und Räucherwerk, mit Maskenumzügen, Schüssen und ⇢ **Böllern** vertrieben. Oder mit 108 Glockenschlägen! 108 Gläubige schlagen in einem kleinen buddhistischen Tempel in der Tokioter Vorstadt Kunitachi, einer nach dem anderen, die große Tempelglocke an; am Ende sind mit den Dämonen des alten Jahrs

⇢ **Gregorianischer Kalender**
Nachdem den Astronomen die wachsenden Unstimmigkeiten zwischen dem Sonnen- und dem Kalenderjahr aufgefallen waren, kam es im Jahr 1598 unter Papst Gregor XIII. zur großen Kalenderreform mit regelmäßigen Schaltjahren. Der bis heute gültige gregorianische Kalender beginnt mit dem 1. Januar. Der Tag davor, der 31. Dezember, ist Papst Silvester I. (314–335) geweiht.

⇢ **Böller**
Das Böllerschießen geht auf eine Tradition aus dem Dreißigjährigen Krieg zurück, als die in ihren Winterquartieren liegenden Soldaten das neue Jahr „einschossen".

auch die 108 Sorgen des menschlichen Lebens verschwunden. Viele Japaner riskieren in dieser schicksalsträchtigen Nacht einen Blick in die Zukunft. In fröhlichem Kulturmix werden chinesische Glückskekse aufgebrochen und Bleifiguren gegossen, mit einer Nadel ausgewählte Bibelsprüche zurate gezogen oder Horoskope befragt. 80 Millionen Japaner, zwei Drittel der Inselbevölkerung, besuchen während der ersten drei Januartage den Meji-Schrein, kaufen bei den Schreinwärtern ein Los, überfliegen die Botschaft und binden den Papierfetzen anschließend an den Ast eines Busches im Schreingarten.

Rosch Haschana
Auf das hebräische Wort für Neujahr „Rosch Haschana" geht via Vermittlung durch das Jiddische auch unser Neujahrswunsch „Guter Rutsch" zurück. Die Juden sind übrigens das einzige Volk, das am Neujahrstag den Geburtstag der Welt feiert, die im Jahr Null jüdischer Zeitrechnung erschaffen wurde.

Jahrhunderte alt ist die Tradition des Neujahrswünschens auch in Deutschland. So sind aus der Feder Friedrichs des Großen folgende Zeilen überliefert: „Ihre Majestät der König lassen allen guten Herren Offiziers vielmals zum neuen Jahr gratulieren, und wünschen, dass sich die Übrigen so betragen, dass Sie ihnen künftig auch gratulieren könne." Prost Neujahr!

Süßer Neujahrsgruß

2 Verliebt auf der Silvesterparty: „Harry und Sally" alias Billy Crystal und Meg Ryan in der gleichnamigen Filmkomödie von 1989

3 Feuriger Jahreswechsel in Hamburg

Opium *fürs Volk*

⇢ **Glückspillen**
Umgerechnet 35 Milliarden Mark haben allein die US-Pharmakonzerne 1998 für die Entwicklung immer raffinierterer „Happy-Pills" ausgegeben, die zu mehr Selbstbewusstsein, besserem Sex und einer guten Figur verhelfen sollen. Stimmungsmacher stehen ganz oben auf der Wunschliste.

Auch der Drogenkonsum richtet sich nach Moden. Zurzeit sind Designerdrogen in! Schätzungsweise 100 000 bis 500 000 Jugendliche zwischen Flensburg und Garmisch konsumieren regelmäßig die synthetischen ⇢ **Glückspillen** und verzichten dafür auf den Alkohol, Deutschlands Droge Nummer eins. „Fit sein" heißt das Codewort der Wochenendjunkies, die sich für ein paar Stunden ausklinken, durchtanzen und ein kalkuliertes Glück genießen wollen. Aussteigen auf Zeit mit Rückfluggarantie!

Getanzt wurde auch bei den ⇢ **Eleusinischen Mysterien** im antiken Griechenland. Zweimal pro Jahr wälzten sich die Pilgerströme auf der Heiligen Straße von Athen nach Eleusis, um dort zu fasten – und gemeinsam einen LSD-Trip zu „schmeißen". Moderne wissenschaftliche Untersuchungen ergaben nämlich, dass der „heilige Trank", den die Pilger zu sich nahmen, aus dem Pilz Claviceps pupurea (Mutterkorn) zubereitet wurde und in seiner Zusammensetzung dem 1943 entdeckten Halluzinogen ⇢ **LSD** gleicht. Pilze waren als Sakraldrogen nicht

1 Titelblatt des Notendrucks „Kokain/ Valse Boston", Berlin 1921

2 Glück auf Zeit: Haschischraucher

nur in Griechenland beliebt: Die Priester-Schamanen in Sibirien nutzten als „Götterspeise" den Fliegenpilz. Und noch heute steht die Einnahme „heiliger Pilze" im Mittelpunkt des Kultes mexikanischer Indianerstämme.

LSD
Lysergsäurediäthylamid, ein künstlich hergestellter Stoff mit halluzinogener Wirkung, wurde von dem Chemiker Albert Hoffmann entdeckt, der über seine ersten Selbstversuche berichtete: „Wenn ich mir irgendetwas dachte, erschien es wirklich und plastisch, fast lebendig. Es war wunderschön, wie in Tausendundeiner Nacht. Ich legte mich hin, dachte mir irgendetwas Schönes, und es war da."

Die Geschichte des modernen Drogenkonsums pendelt zwischen zwei Extremen: Sie ist eine Geschichte des euphorischen Rausches und der Ekstase und eine des körperfeindlichen Exzesses und der Selbstzerstörung. Dem Glück der Ausschweifung und der bewusstseinsverändernden Grenzüberschreitung stehen Abhängigkeit, Entzugserscheinungen, Schmerzen und der Tod gegenüber. „Als ich von einem Hollywoodhügel in meinem Auto ins Tal fiel, hing mein linker Arm nur noch an einem dünnen Muskel. Der Arm wurde geschient und auf eine Stütze gesetzt. Da bekam ich Pantopon, ein Opiat. Ich habe nie vorher und nie nachher die Glückseligkeit des Friedens so intensiv erlebt. Aber dann kam der Absturz in die Entziehung", beschrieb der „Philosoph des Glücks", Ludwig Marcuse, die am eigenen Leib erlebte Dialektik von Drogenseligkeit und harter Wirklichkeit. Ganz ähnlich fasste der amerikanische Schriftsteller William James seine Drogenerfahrungen zusammen: „Wenn sich die Nüchternheit wieder einstellt, verblasst der Eindruck der Erkenntnis, und man bleibt zurück mit einem leeren Starren auf einige unzusammenhängende Wörter und Sätze." Letztlich gewinnt immer der Alltag, in den früher oder später, beschädigt oder nicht, alle wieder zurückkehren müssen. Ein Glück, wenn dies gelingt!

Eleusinische Mysterien
Das „Mysterium von Eleusis" war eines der bestgehüteten Geheimnise der Antike. Den Teilnehmern war es bei strenger Strafe verboten, über das Erlebte zu berichten. Im Athen des 5. Jh.s wurde das Tabu gebrochen: Aristokratische Bürger verabreichten ihren Gästen den heiligen Trank als Partyvergnügen und mussten sich dafür vor Gericht verantworten.

1

Das **Orakel** *von Delphi*

„Wir blicken so gern in die Zukunft, weil wir das Ungefähre, was sich in ihr hin und her bewegt, durch stille Wünsche so gern zu unsern Gunsten heranleiten möchten."
Johann Wolfgang von Goethe

Dampf steigt auf aus einer Spalte in der Erde. Darüber steht ein kolossaler Dreifuß mit einem Sitz. Tempeldiener führen eine Frau ins Heiligtum und zwingen sie, darauf Platz zu nehmen. Wenig später sträuben sich ihre Haare, ihr Blick wird irr, Zittern ergreift den ganzen Körper – das Orakel von Delphi nimmt seinen Lauf: Während sich die Priesterin loszureißen versucht und die steilen Felsen des Parnass ihr schauriges Geheul erwidern, entströmen ihrem schäumenden Mund unverständliche Laute, die von den Tempeldienern aufgezeichnet werden. Ohnmächtig sinkt die Priesterin schließlich zusammen; die Priester verkünden die Entscheidung des Gottes Apollon – das berühmteste Orakel der Welt hat gesprochen, eine Sehnsucht sich erfüllt!

Seit es Menschen gibt, haben sie, wie hier in Delphi, Orakel befragt, überall auf der Welt: aus Angst vor der Zukunft, aus Sorge um das eigene Wohlergehen, weil sie nicht weiterwussten – und weil das Glück immer eine kleine Hilfestellung gebrauchen kann. Anfänglich war es die Natur selbst, die zu den Menschen sprach: Das Rauschen der Blätter, das Murmeln des Bachs, Donner und Blitz – sie antworteten auf drängende Fragen, stillten die Hoffnungen einer „immer tätigen Fantasie", die hinter den Erscheinungen der Natur geheimnisvolle Kräfte vermutete. Aber mit der Zeit geriet die Kunst der ⇢ **Wahrsagung** immer komplexer: Aus den (Natur-)Kräften wurden Götter, aus den stillen Hainen große Tempelanlagen, in denen ein hoch spezialisierter Berufsstand seine Arbeit verrichtete. Kein Mittel war den professionellen Zukunftsfor-

⇢ **Wahrsagung**
Die Kunst der Wahr- und Weissagung wird Mantik genannt. Das Wort selbst stammt vom griechischen „mántis", Seher, das wiederum mit „maínesthai", rasen, zusammenhängt. Das verweist auf den Aspekt der (rasenden) Besessenheit desjenigen, aus dem eine fremde Macht spricht.

schern in Ägypten, Griechenland und Rom, den keltischen Druiden oder den weisen Frauen Germaniens zu schade, um die Wünsche ihrer meist sehr anspruchsvollen Kundschaft zu befriedigen: Lose wurden gezogen, der Vogelflug beobachtet, man las aus Tiereingeweiden und Handflächen, deutete Träume, würfelte oder schlug in Orakelsammlungen wie den ⇢ **Sibyllinischen Büchern** nach.

Das Christentum bereitet dem Orakelwesen in Europa ein Ende, allerdings nur offiziell. Vor allem in Krisenzeiten hatten und haben orakelnde Hexen, Seher und Propheten starken Zulauf. In Deutschland lebte nach dem Ersten Weltkrieg die Chiromantie, die Kunst des Handlesens, wieder auf. Und angesichts von Naturzerstörung, Sinnkrise und Zukunftsangst feiern unter dem Stichwort „New Age" seit den 80er-Jahren des 20. Jahrhunderts auch Traumdeutung, Wahrsagerei und „Crystallgukkerei" in deutschen Landen fröhliche Urständ.

⇢ **Sibyllinische Bücher**
Die Sibyllinischen Bücher, die offizielle Orakelsammlung Roms, wurden zu Beginn des 5. Jh.s v. Chr. von König Tarquinius erworben und im Keller des kapitolinischen Jupitertempels aufbewahrt. In heiklen Fragen, etwa bei der Einführung neuer Götter, ließ der Senat in Gegenwart des Magistrats in den Orakelbüchern nachschlagen. Um 400 n. Chr. wurden sie von dem Vandalenführer Stilicho vernichtet.

1 Maschinelle „Wahrsagerin" auf dem Jahrmarkt

2 „Das Orakel von Delphi", Stich um 1890

3 Apollon-Heiligtum in Delphi mit Theater und Tempel

Sehnsucht nach dem **Paradies**

Sanft wiegen sich die Bäume im Wind, Hunderte von Blüten verströmen einen betörenden Duft. Irgendwo plätschert fröhlich eine Quelle und verteilt den „Strom des lebendigen Wassers" in alle vier Himmelsrichtungen. Die Tiere, große und kleine, leben einträchtig zusammen; dazwischen der Mensch, der in Muße sein wunschloses Glück genießt. Bis er den Baum der Erkenntnis entdeckt – und seine süßen Früchte.

Paradies
Unser Wort Paradies (von griechisch „paradeisos") bedeutet „umfriedeter Garten" und ist eine Ableitung des asvetisch-persischen Begriffs „pairidaeza", was so viel wie „Umwallung", „Umzäunung" heißt. Davon stammen auch das altpersische „paridaida" (Lustgarten, Wildpark) ab, das babylonische „pardisu" und das hebräische „pardes".

Der Mythos vom **Paradies** ist keineswegs eine Erfindung des Alten und Neuen Testaments, sondern Gemeingut zahlloser Kulturen und Religionen. Die Griechen kannten ein goldenes Zeitalter und hofften auf die Gefilde der Seligen, die Kelten wünschten sich nach ihrem Tod auf die Apfelinsel Avalon. Chinesische und japanische Buddhisten wollen im Glücksland Sukhavati, im „Paradies des Westens", wieder geboren werden. Und gläubige

Verlockende Vision des biblischen Gartens Eden: „Das Paradies" von Lucas Cranach d. Ä., 1530

1 Tropische Paradiese – Sehnsucht nach dem anderen Leben

2 Dichter und Künstler verherrlichten die Herrschaft des Augustus als Beginn eines goldenen Zeitalters. „Augustus von Prima Porta“, 1. Jh. n. Chr.

> „Dann legte Gott, der Herr, in Eden, im Osten, einen Garten an und setzte dorthin den Menschen, den er geformt hatte.“ *Genesis 2,8*

Muslime sehnen sich nach einem Paradies mit kühlendem Schatten und schwarzäugigen Jungfrauen. Auch der biblische Garten Eden, aus dem der Mensch vertrieben wurde, soll eines Tages wieder erstehen, am Tag des Jüngsten Gerichts. In diesem Paradies werden sich die Gerechten eines ewigen, glücklichen Lebens erfreuen, es wird weder Tag noch Nacht geben, weder Himmel noch Erde.

Die meisten Paradiese sind „agrarische Utopien“, „blühende Landschaften“, in erster Linie aber Versprechen einer glücklicheren Zukunft. Der römische Dichter Vergil allerdings sah das goldene Zeitalter bereits verwirklicht: in der segensreichen Ordnung des Kaisers Augustus. Heute wird das Paradies oft in jenen Glück verheißenden Gegenden lokalisiert, die uns die Reiseveranstalter in bunten Katalogen präsentieren.

Philosophie – *Leitfaden zum Glück?*

Philosophen sind „Freunde der Weisheit", Wahrheitsforscher, die nach tiefer Einsicht in das Prinzip des Kosmos, in die Gesetzmäßigkeit, den Sinn und den Grund des Weltgeschehens streben. „Staunen", heißt es in der „Metaphysik" des Aristoteles, „veranlasste zuerst wie noch heute die Menschen zum Philosophieren ... Wer aber fragt und staunt, hat das Gefühl der Unwissenheit ...". Sokrates fasste es kürzer: „Ich weiß, dass ich nichts weiß."

Die antiken Philosophen waren durchweg ⇢ **Eudämonisten,** das heißt, die Frage nach dem Glück, die Frage nach den Bedingungen eines glücklichen Lebens, stand für Platon, Aristoteles, Epikur und die Stoiker an vorderster Stelle. „Die Untersuchung des glücklichen Lebens ist der einzige Gegenstand, den sich die Philosophie zum Zweck setzen muss", formulierte stellvertretend für seine Zunft der römische Philosoph und Politiker Marcus Tullius Cicero. Für den begnadeten Redner und Schöpfer

⇢ **Eudämonisten**
Das griechische „eudaimonia" heißt wörtlich „einen guten Geist haben", „unter einem guten Stern stehen", im übertragenen Sinn „Glückseligkeit". Unter „Eudämonismus" versteht man jene Lehren, nach denen sich alles menschliche Handeln durch das Streben nach Glück auszeichnet.

1 Der große Philosoph und das kleine Glück: „Kant rührt Senf an"; Zeichnung von Friedrich Hagemann

2 Platon als Lehrer anderer Philosophen; Miniatur des 15. Jh.s

Hellenismus
300 Jahre, von Alexander dem Großen bis etwa um Christi Geburt, währte im östlichen Mittelmeerraum die Epoche des Hellenismus, in dem sich griechische und orientalische Kultur mischten. Alle philosophischen Schulen der Zeit vertraten gleichermaßen die Ansicht, dass das Lebensglück eines Menschen nur von ihm selbst abhänge.

meisterhafter lateinischer Prosa wie für seine Zeitgenossen war das Glück nicht nur Glückssache, nicht nur das blinde Zufallswerk der Göttin Fortuna, sondern auch eine Angelegenheit vernünftiger Lebensführung und sinnvoller Lebensplanung, eine Frage des ethischen Handelns. Glück war vor allem diesseits orientiert, Philosophie konnte also auch praktisch genutzt werden – als Leitfaden für das Gelingen des Lebens. In der Epoche des **Hellenismus** konzentrierte sich die Philosophie zunehmend auf das individuelle Glück, auf Fragen nach der Stellung des Einzelnen in der Welt, nach persönlichem Seelenfrieden und Wohlbehagen.

Während die christlich-religiös ausgerichtete Philosophie des Mittelalters das Glück in der Erkenntnis Gottes sah, hatten – und haben – die Philosophen der Neuzeit mit dem Glück ihre liebe Not. Denn Glück wird nun vor allem als subjektives Gefühl, als Ansichtssache verstanden – daher muss jeder Mensch für sich selbst entscheiden, was ihn glücklich macht und was nicht. Die Philosophie kann bei der Suche nach dem Glück assistieren, Hilfestellung leisten. Aber allgemein verbindliche Handlungsmaximen aufstellen kann sie nicht mehr. Immanuel Kant (1724–1804) hat das moderne Dilemma in eine komplexe Sentenz gegossen: „Denn sowohl die Zeitumstände als auch der sehr einander widerstreitende und dabei immer veränderliche Wahn, worin jemand seine Glückseligkeit setzt (worin er sie aber setzen soll, kann ihm niemand vorschreiben), macht alle festen Grundsätze unmöglich und zum Prinzip der Gesetzgebung für sich allein untauglich."

Kant hat in seiner „Grundlegung zur Metaphysik der Sitten" das philosophische Unbehagen am (egoistischen) Glücksstreben mit deutlichen Worten zum Ausdruck gebracht: „Das Prinzip der eigenen Glückseligkeit" sei in der Ethik „am meisten verwerflich".

Pursuit of Happiness

„... keines unserer europäischen menschenrechtlichen Urworte (Freiheit, Sicherheit, Eigentum, Widerstand) hat einen so freudigen und freundlichen, so lebensfreundlichen Klang wie dieses Wort vom Glück oder vom Streben nach Glück."
Dolf Sternberger

Als Bill Clinton zum 42. Präsidenten der USA gewählt wurde, verwies er in seiner Antrittsrede am 20. Januar 1993 auf jene überkommenen Werte, die Amerika einst groß machten, darunter das Streben nach Glück – „pursuit of happiness". Er stellte sich damit ausdrücklich in die Tradition der amerikanischen Unabhängigkeitserklärung von 1776, in der es ausdrücklich heißt: „Folgende Wahrheiten erachten wir als selbstverständlich: dass alle Menschen gleich geschaffen sind, dass sie von ihrem Schöpfer mit gewissen unveräußerlichen Rechten ausgestattet sind, und dass hierzu gehören: das Leben, die Freiheit und das Streben nach Glück ..."

Die Unabhängigkeitserklärung vom 4. Juli 1776 ist das große Dokument der amerikanischen Revolution. Sie besiegelt und rechtfertigt die Loslösung der 13 amerikanischen Kolonien vom britischen Mutterland. Und sie formuliert die Prinzipien, die bis heute nicht nur amerikanische Politik und staatliches Handeln, sondern das Selbstverständnis einer ganzen Nation bestimmen. Das Recht auf Streben nach Glück ist eine uramerikanische Erfindung. In keiner einzigen europäischen Verfassungsurkunde taucht diese Formulierung auf, weder in der berühmten Erklärung der Menschen- und Bürgerrechte von 1789 noch in der französischen Revolutionsverfassung vom Juni 1793. Auch nicht im deutschen Grundgesetz, das immerhin die freie Entfaltung der Persönlichkeit garantiert. Nur in den USA hat das Glück Verfassungsrang! „Um der Glückseligkeit willen, sich selbst zu regieren" (Dolf Sternberger) und für das Recht, nach Glück zu streben, führten die

In leuchtenden Farben wurde die neue Heimat Amerika den Lieben zu Hause beschrieben: „Hier rinnt mehr Fett aus dem Spülwasser als in Deutschland auf der Suppe", heißt es 1879 im Brief eines Auswanderers.

1 Ein glückliches Paar mit den Insignien amerikanischer Freiheit im Vorgarten

2 „Freedom of the road“: Streben nach Glück in der Version der „Easy Rider“ Dennis Hopper, Peter Fonda und Jack Nicholson, 1969

Amerikaner einen blutigen Krieg. Das persönliche Glück sollte nicht länger den Privilegierten vorbehalten sein, sondern als Möglichkeit allen offen stehen. Seither ist das Streben nach Glück ein fester Bestandteil des amerikanischen Traums: vom Tellerwäscher zum Millionär. Im Land der unbegrenzten Möglichkeiten darf jeder seines Glückes Schmied sein. Allerdings ist auch jeder für sein Unglück selbst verantwortlich – das ist die Kehrseite der großen persönlichen Freiheit. Denn ein Recht auf Glück gibt es auch in den USA nicht, man darf es nur suchen! Wir alle kennen die Bilder von überfüllten Gefängnissen, mörderischem Rassismus und bitterster Armut. Und dennoch fasziniert der „american way of life“ noch immer die ganze Welt. Auch die Amerikaner selbst, zumindest die, die es geschafft haben.

Der amerikanische Traum, der zwei Jahrhunderte lang Menschen aus aller Welt veranlasste, in der Neuen Welt ihr Glück zu suchen, hat Schattenseiten. Niemals zuvor war die Kluft zwischen Arm und Reich in den USA größer als heute, und nirgendwo in der westlichen Welt ist sie tiefer als hier.

Reiselust *und Urlaubsfieber*

„Nur Reisen ist Leben, wie umgekehrt das Leben Reisen ist.“
Jean Paul

Viele Menschen „betrachten elf Monate des Jahres nur als eine Vorbereitung auf den zwölften, nur als die Leiter, die auf die Höhe des Daseins führt. Um dieses Zwölftels willen wird gelebt ...; elf Monate muss man leben, den zwölften will man leben.“
So weit das kritische Resümee, das vor über 100 Jahren Theodor Fontane aus dem „Urlaubsfieber“ seiner Zeit zog. Es gilt heute mehr denn je. Aber trotz der unvermeidlichen Begleiterscheinungen des Massentourismus bleibt der Urlaub die „schönste Zeit des Jahres“. Die Zeit, die frei gestaltet werden darf, ungebundene Zeit, die nicht vom Muss regiert ist. Zeit zu schauen und zu genießen, Fremdes zu entdecken und Gewohntes zu überdenken. Neue Eindrücke und Reize verlängern die Zeit aber auch! Jeder hat es schon erlebt: Erste Tage in einer fremden Umgebung scheinen lang, wie die Tage eines Kindes, das noch auf der Suche ist, noch nicht alles kennt. Allein schon dieses Gefühl macht das Reisen zur glücklichen Erfahrung.

Jahrhundertelang diente das Reisen überwiegend praktischen Zwecken, es war beschwerlich,

1 Vorsicht, die Touristen kommen! Hafenkneipe an der Algarve

2 Er ließ sich viel Zeit auf seiner Italienreise: „Goethe in der Campagna“, Gemälde von Johann Heinrich Wilhelm Tischbein, 1787

gefährlich und zudem eine äußerst langwierige Angelegenheit. Zwar gab es auch früher Menschen, die von Abenteuerlust, Fernweh oder dem Bedürfnis nach neuen Erfahrungen getrieben weite Reisen unternahmen. Aber im 19. Jahrhundert begann eine Entwicklung, die diese Ausnahmen zur Regel werden ließ. Grund waren die neu eingerichteten Eisenbahnstrecken, die das Reisen nicht nur schneller und bequemer machten, sondern die Reiselust in bis dato unvorstellbarem Maß „demokratisierten". An die Stelle von Kreuzrittern und Landsknechten, Pilgern, Wallfahrern und Missionaren, Handwerkern und Studenten, Kaufleuten und Hausierern, Forschungsreisenden und Entdeckern trat das „fahrende" Volk der Urlauber. Zu Hause blieb nur, wer nicht reisen konnte – weil das Geld nicht reichte oder die „delikate Leibeskonstitution" es nicht zuließ. Alle anderen nutzten die neuen technischen Möglichkeiten und erfüllten sich den Traum von der weiten Welt. Über 40 Millionen Deutsche packen heutzutage jedes Jahr ihre Koffer!

) Ein unstillbares Fernweh veranlasste im 14. Jh. den arabischen Rechtsgelehrten Ibn Battuta, die halbe Welt zu durchstreifen: 100 000 km legte der Globetrotter innerhalb eines Vierteljahrhunderts zurück. Seine Reiseberichte zählen noch heute zu den Standardwerken der arabischen Reiseliteratur.

Liegt für die meisten Urlauber das Glück in der Ankunft und ist die Reise oft nur der lästige Weg dorthin, so schätzt eine Minderheit das Reisen um seiner selbst willen, den unmittelbaren Kontakt mit Land und Leuten, die „Kraft der Landstraße" (Walter Benjamin). Kraft tanken wollen beide Urlaubertypen: den Alltag vergessen, abschalten und Energie aufladen, das Wechselspiel von Vertrautheit und Fremde genießen – am überfüllten Adriastrand oder zu Fuß im Hochland von Peru. Das ist Glück, wenn es gelingt, das Glück der Gegenwelt!

) Zwischen 1839 und 1860 stieg in Sachsen die Zahl der gefahrenen Personenkilometer von 19 auf 148 Millionen. Grund war die Eröffnung der Eisenbahnstrecke Leipzig – Dresden im Jahr 1838.

Sammeln – *auch eine Leidenschaft*

1

Begonnen hat es im Paläolithikum. Essbares aller Art wurde damals von den Frauen gesammelt. Und wenn die Männer vom Jagdglück verlassen waren, sicherten die gesammelten Pilze, Kräuter und Beeren häufig das Überleben der Menschen. Sammeln und Jagen gehören seither untrennbar zusammen!

Das zufällige Treffen mit Vladimir Nabokov in Montreux 1961 hinterließ bei Peter Ustinov zwiespältige Gefühle – neben der Bewunderung für den Intellektuellen und Schriftsteller auch blankes Unverständnis für den passionierten Schmetterlingssammler: „Nabokov war überzeugt davon, dass Schmetterlinge einen schlechten Charakter haben, alle, und deshalb hat er sie so genau studiert. Also, da muss man wirklich sehr begabt sein, um das zu verstehen."

Sammeln ist eine Leidenschaft! Wer einmal damit angefangen hat, kann meist nicht mehr aufhören. Die Objekte spielen dabei eine nachgeordnete Rolle: Münzen, Briefmarken und Käfer, Telefonkarten, Überraschungseier und Kugelschreiber, selbst Türschilder, Büroklammern und Netzstrümpfe können zum Ziel obskurer Begierden werden und ungeahnte Glückserfahrungen auslösen. Die Geschichte des Sammelns ist eine Geschichte solcher Glücksmomente, aber auch eine von Verschuldung, Elend und Verzweiflung. Manchmal endet tragisch, was mit dem Kauf einer bibliophilen Handschrift oder eines Oldtimers ganz harmlos begann. Sammeln kann süchtig machen!

Als Sir Thomas Philips 1872 starb, hinterließ er die umfangreichste und bedeutendste Handschriftenbibliothek, die es je gegeben hat. Jedes verfügbare Pfund investierte der bibliomanische Engländer in alte Bücher und Folianten, die Schulden wuchsen ihm über den Kopf, doch seiner Leidenschaft ein Ende zu setzen vermochte er nicht. Als „absurd" bezeichnete er den Wunsch seiner Frau, das Sammeln endlich einzustellen. Das Glück des Sammlers ist eben ein, wie Walter Benjamin sagt, „Glück des Einsamen": Seine nicht infizierte Umwelt begegnet ihm mit Unverständnis! Dessen war sich der Schriftsteller Vladimir Nabokov vollkommen bewusst, und er genoss die befremdeten Blicke sogar, wenn er mit seinem Netz den Objekten der Begierde – den Schmetterlingen – nachstellte. Der Sammelleidenschaft lässt sich nicht beikommen: Zu stark sind die Lustgefühle, wenn nach erfolgreicher Jagd oder dank eines glücklichen Zufalls ein fehlendes Stück der eigenen Sammlung einverleibt wird. Darüber hinaus gilt der Grundsatz: Keine Sammlung ist komplett, immer fehlt noch das wichtigste Objekt. Deshalb sind die Glückserlebnisse in der Regel auch nur von kurzer Dauer, die Jagd, der eigentliche Nervenkitzel, kann weitergehen. Nur unvernünftig oder gar krankhaft ist die „Neigung, Gegenstände ohne praktischen Bedarf anzuhäufen" (Brockhaus, 1984), freilich auch nicht: Jede Sammlung ist Teil eines Lebens, das durch sie erst seine Mitte gewinnt. Große Kunstsammlungen bewahren den Namen des Sammlers über den Tag hinaus. So hat sich etwa das Industriellenehepaar Peter und Irene Ludwig mit seinen berühmten Sammlungen, vor allem der einzigartigen Pop-Art-Sammlung, ein bleibendes Denkmal gesetzt.

Es gibt viele Arten von Sammlern, und in jedem sind ganz unterschiedliche Impulse am Werk. In Eric Rohmers Film „Die Sammlerin" von 1967 sammelt ein Mädchen Jungs, jeden Tag einen!

2

1 Kostbares Sammelobjekt: emaillierte Metallflasche, China, 16. Jh.

2 Blätter mit gepressten Pflanzen aus Goethes Herbarium

3 Auf der Jagd nach der fehlenden Baseball-Trading-Card

3

Glück im **Schatten**

Dass alles Dasein Leiden bedeutet, ist ein zentraler Gedanke des Buddhismus; denn die glücklichen Phasen gehen einmal zu Ende, und aus dem Verlust des Glücks erwächst neues Leid.

Warnungen, dass nichts von Dauer sei, wollen die Glücklichen nicht hören. Die Welt gehört ihnen, die Zukunft, die Gegenwart sowieso! Plötzlich auftauchende Gewitterwolken wischen sie mit einer unwilligen Geste zur Seite wie eine lästige Fliege. Warum sich die Laune verderben lassen? Was kann denn schon passieren?

Jean-Dominique Bauby, glücklicher Vater zweier Kinder und angesehener Chefredakteur der Zeitschrift „Elle", war 43 Jahre alt, als ihn am 8. Dezember 1995 ein Gehirnschlag von einem Tag auf den anderen ans Bett fesselte. Vollständig gelähmt, eingeschlossen in die zur Statue erstarrte Hülle seines Körpers, doch geistig rege, diktierte er allein mit dem linken Augenlid das Buch „Schmetterling und Taucherglocke". Ein „strahlendes Stück Literatur, von dem die Kraft der Erschütterung ausgeht" hat es die Süddeutsche Zeitung genannt. Und ein Beweis dafür, dass selbst der schlimmste Schicksalsschlag Raum für das Glück lässt: Das „wöchentliche Bad taucht mich zugleich in Jammer und Glückseligkeit. Auf den köstlichen Moment, wenn ich in die Badewanne sinke, folgt schnell die wehmütige Erinnerung an die großen Wassergelage, die der Luxus meines früheren Lebens waren ... Zum Glück habe ich keine Zeit, ihr nachzuhängen." Zeilen, die irritieren und zugleich ermutigen! Vom Glück verwöhnt schien auch der Hollywoodschauspieler Christopher Reeve, der als muskelbepackter „Superman" Karriere machte und nun seit einem Reitunfall querschnittsgelähmt im Rollstuhl sitzt. Reeve hat nicht aufgegeben – und ist heute wieder im Filmgeschäft tätig.

„Das Leid ist unendlich, die Freude hat ihre Grenzen."
Honoré de Balzac

1 „Leben ist Leiden"… Buddha-Statue im balinesischen Kloster Banjar

2 Die zeitgenössische Karikatur zeigt den Philosophen Schopenhauer mit seinem liebsten Gefährten, seinem Pudel.

1

2

„Das Leid liebt uns und heftet sich an uns. Man muss es lieben, wenn man das Leben ertragen will."
Anatole France

Beispiele wie diese widerlegen all jene Berufspessimisten, die Erlösung predigen und die Befreiung von Leid und Schmerz meinen, die vor lauter Unglück das Glück nicht sehen und dabei doch am Leben hängen, das sie so sehr verachten. Die Menschen fürchten Schmerz und Dunkelheit, gewiss, doch sie lieben, begehren, ja hoffen auf das Glück und greifen danach selbst unter widrigsten Umständen. Arthur Schopenhauer, einer der einflussreichsten Philosophen des 19. Jahrhunderts, hielt das Leben für eine „missliche Sache", „eine unnützerweise störende Episode in der seligen Ruhe des Nichts". Die Genüsse des Lebens redete er klein: „dass sie beglücken, ist ein Wahn". In der Praxis allerdings fand er durchaus Gefallen an den kleinen Freuden: an einer Pfeife nach getaner Arbeit, am Spiel mit seinem Pudel, an einem Gläschen Wein.

Scherben *bringen Glück!*

Das Bankett wollte kein Ende nehmen. Die jungen Offiziere saßen ein wenig gelangweilt neben ihren Tischdamen und übten sich in der Kunst des unauffälligen Durchhaltens. Plötzlich erhob sich einer von ihnen ungestüm von seinem Platz und brachte einen Toast auf Gott und Vaterland aus; anschließend warf er sein ausgetrunkenes Glas in hohem Bogen über die Schulter nach hinten – das Signal zur patriotischen Attacke: Stühle kippten, Stimmen überschlugen sich, Toast folgte auf Toast, Glas auf Glas – bis keines mehr übrig war und die Tafel vom verständnisvoll lächelnden Regimentskommandeur mit einer Verbeugung in Richtung der anwesenden Damen aufgehoben wurde.

Der Volksglaube unterscheidet sehr genau zwischen dem absichtlichen und dem unabsichtlichen Zerbrechen von Glas. Ersteres gilt nach wie vor als (positive) Bekräftigung eines Entschlusses und als Ankündigung eines Neubeginns, Letzteres als Unglücks- und Todeszeichen. Wer einen Spiegel zerbricht, muss mit sieben Jahren Unglück rechnen, weiß der Volksmund.

„Scherben bringen Glück!" – und werden deshalb vor allem von jenen produziert, die dieses, wie etwa Soldaten, besonders gut gebrauchen können. In Russland und Südosteuropa ist das Ritual des Gläserwerfens ein fester Bestandteil jedes ausgelassenen Festes. Die jugoslawische Regierung sah sich nach 1945 genötigt, diese Sitte mit einem strikten Verbot – und entsprechenden Aushängen in den Wirtshäusern – zu unterbinden, um die „Verschleuderung von Volksvermögen" zu verhindern. „Geschleudert" wird in Jugoslawien trotzdem noch immer, aber auch in Griechenland, wo die Männer – meist zu vorgerückter Stunde und nach reichlichem Alkoholgenuss – beim Tanz auf Porzellanscherben ihre körperliche Geschicklichkeit unter Beweis stellen.

Wesentlich gesitteter geht es beim Stapellauf eines Schiffes zu, aber auch da gibt es Scherben: Bevor es ausläuft, wird es – zumeist von der Gattin des

Schiffseigners oder aber von einem Ehrengast – mit einer Flasche Sekt getauft. So manche Flasche erwies sich dabei als ungewöhnlich widerstandsfähig und wollte einfach nicht zerbrechen. Es soll Kapitäne und Matrosen gegeben haben, die das Arbeiten auf einem solchen „Unglücksdampfer" ablehnten.

Seiner Eigenschaften wegen wurde Glas von jeher als magisches Material geschätzt: Dank seiner Transparenz war es wie der Kristall ein Symbol des Lichts. Da es alle Dinge durchscheinen ließ, ohne dabei selbst Schaden zu nehmen, wurde es im Mittelalter darüber hinaus zu einem Sinnbild der Unbefleckten Empfängnis.

Das bekannteste „Scherbenritual" ist der Polterabend. Der Brauch des Polterns lässt sich seit dem frühen 16. Jahrhundert nachweisen. Schon damals kamen am Vorabend des Hochzeitstages die Freunde zum Brauthaus und „polterten" mit Geschirr und Blech, was das Zeug hielt – um böse Geister zu vertreiben und der künftigen Ehe Glück und Frieden zu sichern. War der Spuk vorüber, wurden die Scherben – nicht anders als heute – vom Brautpaar gemeinsam zusammengekehrt. Glasscherben durfte und darf der Kehricht allerdings keine enthalten, denn für den Polterabend galt im Unterschied zum Offiziersbankett und zur Schiffstaufe das Sprichwort: „Glück und Glas, wie leicht bricht das!"

1 „Ein Polterabend", Federlithographie aus „Berliner Volksleben" von Adolf Glasbrenner, 1847

2 Bei der Schiffstaufe muss die Flasche zerbrechen, ansonsten droht Unheil.

Schicksal *und Zufall*

Dinge gibts, die gibts gar nicht – oder dürfte es eigentlich nicht geben, jedenfalls nicht nach landläufiger Ansicht! Frankreichs König Ludwig XVI. wurde in der Kindheit prophezeit, dass der 21. Tag im Monat sein Unglückstag sei. Also übte er sich fortan an jedem 21. in außerordentlicher Zurückhaltung. Das Schicksal konnte er dennoch nicht überlisten: Am 21. Juni 1770, bei den Festlichkeiten zum vierten Jahrestag seiner Thronbesteigung, kam es in Paris zu einer Massenpanik, die etwa 1200 Menschen das Leben kostete. 21 Jahre später, am 21. Juni 1791, wurden Ludwig und seine Frau Marie Antoinette auf der Flucht vor der Französischen Revolution in Varennes gefangen genommen. Auf den Tag genau ein weiteres Jahr später wurde die Monarchie abgeschafft. Und am 21. Januar 1793 setzte das Fallbeil der Guillotine dem Leben des glücklosen Monarchen ein vorzeitiges Ende.

Während wir den Zufall – das unvorhergesehene, von keiner Statistik erfassbare Zusammentreffen

1 Noch immer ein Ereignis, das die Menschen bewegt: die „Titanic"-Katastrophe von 1912

2 Am 21. Januar 1793 starb der französische König Ludwig XVI. auf der Guillotine.

zweier Ereignisse – unter die Kategorie „Unwägbarkeiten des Lebens“ einordnen und uns, je nach Konsequenz, kurzfristig darüber freuen oder ärgern, beschäftigt uns das Schicksal auf Dauer. Wer an sein Schicksal glaubt, sieht darin einen Plan verwirklicht, der sich seiner Kontrolle entzieht, der unbegreiflich ist und unerforschlich: Die Macht des Schicksals waltet! Der Gedanke, dass das Schicksal von langer Hand vorbestimmt, „in die Wiege gelegt“ ist, findet sich auch im altrömischen Mythos der drei Parzen, die – ähnlich den germanischen Nornen – gleichermaßen Geburts- wie auch Schicksalsgöttinnen sind. Damals wie heute scheint es dem Betroffenen, als ob sich sein Schicksal mit unerbittlicher Notwendigkeit vollziehe, sei es nun ein gutes oder ein schlechtes. Da gibt es kein Entrinnen. Was jedoch möglich ist, ist Anpassung, wie schon der römische Philosoph Seneca lehrte: „Den, der Ja zu ihm sagt, führt sein Schicksal voran, den, der sich ihm widersetzt, schleppt es noch mit sich fort.“

Selbst die antiken Götter sind dem Schicksal (griech. Ananke) unterworfen: „Zeus selber vermag nichts zu gewähren, zu schaffen ohne dich, Ananke“, schrieb der griechische Tragödiendichter Euripides.

„Bei Katastrophen gabelt sich die Straße des Glücks auf besonders bemerkenswerte Weise und spaltet die Betroffenen in zwei Gruppen: in die einen, die Glück, und die anderen, die keines haben, in die Überlebenden und die Opfer.“
Nicholas Rescher

Als schicksalhaft wurde vielfach auch der Zusammenstoß der „Titanic“ mit einem Eisberg im Nordatlantik interpretiert. Hatten die Menschen nicht alles getan, um diesen Schnelldampfer unsinkbar zu machen? 1517 Menschen starben, und tatsächlich hätte es auch anders kommen können. Aber war es nur ein blindes Schicksal, das da wütete? Schon eher eine Kette von Fällen menschlichen Versagens. Überaus dankbar werden jedoch diejenigen dem glücklichen Zufall gewesen sein, die kein Ticket mehr für die Jungfernfahrt des technischen Wunderwerks bekommen hatten!

1

Im Schlaraffenland

Schon beim bloßen Wort läuft einem das Wasser im Mund zusammen, schlägt die Fantasie Purzelbäume: Gebratene Tauben fliegen dem Faulen in den Mund, Fische rösten sich selber, Flüsse voll des besten Weins treten über die Ufer, und Berge von Makkaroni wachsen in den Himmel, der voller Würste hängt. Das Schlaraffenland ist eine alte Glücksvorstellung – und eine der populärsten, beileibe keine vegetarische, ein Alptraum für Kostverächter! Essen und Trinken stellen die Hauptbeschäftigung dar; Probleme bereitet allenfalls die Verdauung, die angesichts der nie versiegenden Fülle an Köstlichkeiten überstrapaziert ist. Verhaltensregeln gibt es so gut wie keine: Man legt sich einfach unter einen Baum, schließt die Augen und wartet, bis die eingelegten Schweinsohren, gebratenen Gänse und kandierten Himbeeren von selbst aufwarten. Glück, das durch den Magen geht!

Das Motiv des Schlaraffenlands begegnet uns zum ersten Mal als Satire auf den noch älteren Mythos vom ⇢ **goldenen Zeitalter.** Seit dem 15. Jahrhundert gibt es für das biblische „Land, darinnen Milch und Honig fließt" auch einen deutschen Begriff: Schluraffenlandt. „Slûr" hieß man im Mittelhochdeutschen den Faulenzer. Und Faulenzer sind es in der Tat, die dieses volkstümlich-literarische Paradies der Fresser bevölkern, überall in Europa. In einer Novelle von Giovanni Boccaccio werden Schlaraffias Wunder beschrieben: „... wo ein Berg sei aus lauter geriebenem Parmakäse, und dort oben täten die Leute nichts anderes, als Makkaroni und Klößchen machen, die sie in Kapaunenbrühe koch-

⇢ **Goldenes Zeitalter** Von der „goldenen Zeit" erzählt der griechische Dichter Hesiod. Gemeint hat er jenes längst vergangene saturnische Zeitalter, „wo die Menschen sorglos ohne Arbeit und Weh dahinlebten wie die Götter, ohne Altersbeschwerden, immer tafelfreudig, und starben, als schliefen sie ein; wo der Acker von selbst Frucht trug". In der attischen Komödie des 5. Jh.s v. Chr. wird dieses Motiv aufgenommen: Bei Krates findet sich der Satz „Tisch, deck dich!", der uns später im deutschen Märchen wieder begegnet.

„Die Entdeckung eines neuen Gerichts ist für das Glück der Menschheit wichtiger als die Entdeckung eines neuen Gestirns."
Jean Anthelme Brillat-Savarin

Einladendes Wirtshausschild im Elsass

„Das Schlaraffenland" von Pieter Breughel d. Ä., 1566

Auf zur Schlacht am kalten Buffet!

ten und dann herunterwürfen." Ganz offensichtlich eine italienische Utopie, Deutsche liebens deftiger. Neben der Sehnsucht nach freier Sexualität, dem Traum von ewiger Jugend und dem Wunsch nach vollen Taschen ursprünglich nur ein Thema unter vielen, gewann die Völlerei im Lauf der Zeit stetig an Bedeutung: Im 16./17. Jahrhundert war das Schlaraffenland zu einer simplen gastronomischen Angelegenheit geworden und als solche Indiz einer dramatisch verschlechterten Ernährungslage der Unterschichten.

Mit Beginn des 14. Jh.s tauchen glückselige Fantasiewelten, allesamt volkstümliche Versionen der Mythen vom verlorenen Paradies, in literarischen Texten überall in Europa auf. In Deutschland sorgten vor allem Sebastian Brant („Das Narrenschiff", 1494) und Hans Sachs („Schlaweraffen Landt", 1547) für die Verbreitung des Motivs.

Wo der Hunger regiert, muss das Glück der Philosophen auf der Strecke bleiben. „Ochsenglück" hat Heraklit die „ordinären" Vergnügungen des Leibes abfällig genannt und dabei außer Acht gelassen, dass nur wer auch genug zu essen hat, seinen Appetit zu zügeln vermag. Aber Hunger und Philosophie waren nur selten ein glückliches Paar. „Erst kommt das Fressen und dann die Moral", hat Bert Brecht gesagt, und sein russischer Kollege Anatoli Lunatscharski stellt ebenso prosaisch fest: „Glückseligkeit ... ist nichts anderes als eine außerordentliche Harmonie in den Gefilden des Verdauungsapparates."

Schornsteinfeger – *Man in black*

Schornsteinfeger können mehr als nur Kamine kehren – sie bringen Glück! In der Regel genügt dafür bereits der bloße Anblick, ganz Hartnäckige versuchen den Schornsteinfeger zu berühren, spucken dabei aus und murmeln „Rauchfangkehrer, Glück“. Wer früher zwei oder drei Zweiglein vom Reisigbesen des Schornsteinfegers abzubrechen vermochte, galt als ausgemachter Glückspilz. So mancher „Schwarzkittel“, der knapp bei Kasse war, machte sich diesen Umstand zunutze und verkaufte an Neujahr Teile seines Arbeitsgeräts an abergläubische Interessenten. Apropos Neujahr – am Jahresanfang haben Schornsteinfeger Hochkonjunktur: Früher verlangten sie an diesem Tag die Rechnung und verschenkten im Gegenzug ein Kalenderblatt, auf dem ein Glückwunsch stand; heute stecken sie in Form kleiner Figürchen in Glückskleepflanzen oder schmücken als „Marzipankehrer“ die Auslagen der Konditoreien.

····› **Ruß**
verdankt sein magisches Potenzial der reinigenden, wärmenden Urkraft des Feuers. Man setzte Ruß als Heilmittel gegen verschiedene Krankheiten ein oder verwendete ihn bei der Anfertigung von Fastnachtsmasken, wo er der Abwehr böser Geister diente.

Stadtbrände waren im Mittelalter eine ständige Bedrohung: dicht bebaute Straßen, viele Holzhäuser, und darin die offenen Feuerstellen. So wurde die Brandprävention zur wichtigen kommunalen Aufgabe. Unter anderem ordnete man die regelmäßige Reinigung der leicht brennbaren Schlote an. So trat der Schornsteinfeger auf den Plan und galt, da er indirekt Leben rettete, sogleich als Glücksbringer. Da ····› **Ruß** überdies von jeher als magische Substanz betrachtet wurde und auch der ····› **Rauchfang** eine lange Tradition als Aufenthaltsort der Dämonen besaß, verwandelte sich der brave Handwerker nach kürzester Zeit selbst in ein magisches Wesen.

····› **Rauchfang**
Der Kamin verbindet seit je die Menschen mit Göttern, Geistern und Dämonen: In zahlreichen Märchen fahren böse Geister, vor allem Hexen, durch den Kamin ein und aus. Vielerorts existiert der Glaube, dass die Seelen Verstorbener auf diese Weise das Haus verlassen. Am Weihnachtstag nutzt bekanntlich Santa Claus den Kamin, um seine Gaben an die Kinder zu verteilen.

1

1 Nur noch selten sieht man den Schornsteinfeger auf dem Dach.

2 Süße Glücksbringer zum Jahreswechsel

3 Hexen fahren durch den Kamin hinaus und fliegen mit dem Besen zum „Hexensabbat“; Gemälde von David Teniers d. J., um 1650

Schutzengel – *von Gott gesandt*

1

Jeder Mensch hat einen! Egal, was man tut, wohin man geht, worauf man sich einlässt – der Schutzengel ist immer mit von der Partie. Zwei Drittel aller Deutschen glauben an seine Existenz. Und einige versuchen sogar, mit ihm in Verbindung zu treten. Spezielle Kurse stiften die Kontaktaufnahme, „Engelerfahrungen" machen die Runde!

→ **Engel** sind Mittler zwischen Himmel und Erde, ätherische Lichtwesen, die Gottes Wort verkünden, überirdische Vollstreckungsbeamte, aber auch unsichtbare Streetworker oder Sozialarbeiter. Nach gut katholischer Ansicht steht jeder Getaufte unter dem Schutz eines persönlichen Engels, der ihn selbst an seinem Todestag nicht verlässt. Das Alte Testament kannte zwar das Eingreifen von Engeln in menschliches Geschick, aber erst im Neuen Testament ist von → **Schutzgeistern** für Kinder und Erwachsene die Rede. Schutzengel werden seit dem 9. Jahrhundert verehrt, und seit dem 15./16. Jahrhundert haben sie ein eigenes Schutzengelfest am 2. Oktober.

→ **Engel**
Das deutsche Wort ist eine Entlehnung aus dem Griechischen: „ángelos", Bote. Im Alten Testament benötigten die göttlichen Mittler zum Verkehr zwischen Himmel und Erde noch eine Leiter, seit dem 4. Jh. besitzen sie Flügel! Das macht die Arbeit ein wenig einfacher.

Im Spielfilm „Der Himmel über Berlin" des Regisseurs Wim Wenders flanieren Engel durch die damals noch geteilte Stadt. Verzweifelt Grübelnden sprechen sie durch Handauflegen neuen Mut zu, bei einem Unfall leisten sie erste Hilfe, den Selbstmörder auf dem Europacenter können sie jedoch nicht retten. Engel sind nicht allmächtig! Sie tun das ihre, doch darf man sie nicht überfordern: „Fahre nicht schneller, als Dein Schutzengel fliegen kann", warnen Hinweisschilder an deutschen Autobahnen. „Einen Engel erkennt man immer erst, wenn er

„Denn ich glaube, dass ein guter Engel Gottes ihn geleitet und alles zum Besten lenkt."
Tobias 5, 29

1 Als Belohnung für fleißige Schüler waren Schutzengelbildchen einst beliebt.

2 „Der Schutzengel“, Gemälde von Henri Decaisne, 1835

3 Bruno Ganz in Wim Wenders Film „Der Himmel über Berlin“

Schutzgeister
Schon die Antike kannte persönliche Schutzgeister. So gab es in jeder römischen Familie einen Schrein, in dem die Laren und Penaten – kleine Schutzgottheiten der Familie und des Hauses – zusammen mit dem Genius verehrt wurden. Der Genius, ursprünglich nur dem Mann zugeordnet, galt später ganz allgemein als Schutzgeist. In der Kunst wird er als männliches oder weibliches Flügelwesen dargestellt.

vorübergegangen ist“ (Martin Buber) oder wenn man um Haaresbreite einem Unglück entronnen ist. Schutzengel sind Retter in der Not, die einen auch die bedrohlichste Situation heil überstehen lassen. Zum Beispiel den Angriff eines Weißen Hais! So geschehen 1997 vor der australischen Küste, als der fünf Meter lange Raubfisch zwar den Surfski von Brian Sierakowski in der Mitte durchbiss, seinen Fuß aber unverletzt ließ. Und wie leicht sich Glaube und Aberglaube mischen, beweist ein Blick nach Island: Bei der Einweihung eines Straßentunnels rief die Baufirma 1998 altisländische Geister – Elfen, Zwerge und Huldofolks – zum Schutz an; auf den Segen der Kirche verzichtete man, weil drei Jahre zuvor bei einem andern Tunnel nach der kirchlichen Weihe eine Wasserader geplatzt war und großen Schaden angerichtet hatte!

1

Schwein *gehabt*

Es ist rosa und hat ein Ringelschwänzchen – und es bringt Glück. Gemeint ist natürlich das Schwein, präziser: das Glücksschwein. Vom gemeinen Hausschwein, mit dem es weitläufig verwandt ist, unterscheidet sich das Glücksschwein durch eine Reihe von Merkmalen, die den Biologen bis heute große Rätsel aufgeben: Anders als sein im Koben lebender Vetter, der seit jeher zu den wichtigsten Nutztieren der Menschen zählt, benötigt es keine Nahrung und wirft auch keine Ferkel. Außerdem schmilzt es in der Sonne, da es zumeist aus Marzipan besteht. Exemplare aus Plastik, Porzellan oder Ton vertragen das Sonnenlicht dagegen besser. Oft steckt eine kleine Münze in ihrem Rücken; einige besitzen sogar einen schmalen Schlitz, durch den die Münzen verschwinden – man spricht in diesen Fällen von Sparschweinen. Getötet werden diese Tiere auf eine besonders grausame Art und Weise: mit einem gezielten Hammerschlag.

In der mittelalterlichen Fasnacht konnte man immer wieder den sieben Todsünden begegnen, und zwar in Form von Tiermasken. Dabei stand das Schwein, gemeinsam mit dem Bären, für die Fresssucht, Hahn und Bock für die Geilheit, der Esel für die Trägheit, Pfau und Pferd für die Hoffart, der Drache für den Neid, der Löwe für den Zorn und der Fuchs für den Geiz.

In ihrer rituellen Brutalität erinnert diese Art der Hinrichtung ein wenig an das Schicksal des wilden Ebers, den unsere Altvorderen, hierin den Griechen und Kelten folgend, als heiliges Tier verehrten und deshalb auf dem Altar des höchsten Germanengottes Wotan opferten. Mehr Glück hatte die unheilige Sau. Ihrer großen Nachkommenschaft wegen nahm sich die germanische Fruchtbarkeitsgöttin Freya des friedliebenden Tiers an: Sie wählte sich den Beinamen Syr (Sau) und dürfte damit ihren Teil zur Karriere des Schweins als Symbol für Wohlstand und Reichtum beigetragen haben. Vieles spricht dafür, dass beide, Glücks- wie Sparschwein, von dieser germanischen Symbolsau abstammen. Dass „Schwein" einmal zum vielgebrauchten Schimpfwort würde, hätte damals niemand gedacht. Aber schon das Mittelalter war sich in puncto Schwein nicht mehr einig: Während die christliche Kunst den Eber dämonisierte und die Sau ihrer Gefräßigkeit und ihres Wühlens im Dreck wegen denunzierte, suchte sich das gemeine Volk die Zauberkraft der für alles Übernatürliche angeblich äußerst empfänglichen Tiere zunutze zu machen. Sehr beliebt waren Schweineamulette und, stand ein wichtiges Ereignis ins Haus, Schweineorakel; überall im deutschsprachigen Raum aß man an Neujahr und zur Fastnachtszeit Schweinefleisch, weil dies Wohlstand versprach. Und wer einen Schweinesegen besaß, wurde von nah und fern ob seines Glücks beneidet. Schwein, das heißt unverdientes Glück, hatte schließlich im wahrsten Sinne des Wortes auch derjenige, der beim Scheibenschießen verlor: Er erhielt als Trostpreis – ein Schwein.

Den anderen ein „Schwein" nennen kann jeder. Viel origineller ist, wie sich Friedrich Nietzsche der schimpfwörtlichen Verworfenheit dieses Tiers in seinem „Zarathustra" bediente: „Den Schweinen ist alles Schwein" – in Umkehrung des Bibelworts „Dem Reinen ist alles rein".

2

1 Sparschwein mit Euro

2 Glückliches Hausschwein

3 „Schweinische" Malerei auf einer Kirmesbude

3

Das organisierte **Spiel** *mit dem Glück*

1

Wenn die ···> **Roulettekugel** rollt, nimmt das Schicksal seinen Lauf: Glückliche Gewinner raffen in unverhohlenem Triumph Berge von Chips an sich, direkt daneben aber sitzen die Unglücklichen, die bereits alles verloren haben oder noch alles verlieren werden. Neugierige mischen sich unter die Spieler, riskieren einen Blick, magnetisch angezogen von der Aussicht auf eine Tragödie und fasziniert vom Wunder des schnellen Gelds. „Rien ne va plus – nichts geht mehr!"

···> **Roulettekugel** Roulette gilt als das Glücksspiel par excellence. Erfunden hat es angeblich der berühmte französische Mathematiker Blaise Pascal (1632–62). Offiziell wurde es erstmals in Paris um 1700 zugelassen. Mit der Vergabe von Konzessionen wollte der französische Hof seine maroden Staatsfinanzen sanieren!

Geld und (organisiertes) Glücksspiel gehören zusammen: Nur weil viele verlieren, können wenige gewinnen; und der größte Gewinner bleibt immer die Bank! Nirgendwo lässt sich der Zusammenhang von Glück und Geld besser studieren als in Las Vegas: Das ehemalige Goldsuchercamp inmitten der Mojawe-Wüste hat sich – dank der „Aufbauleistung" der Mafia, die wieder einmal eine Nase fürs schnelle Geld hatte – seit den 30er-Jahren zur Hochburg des Glücksspiels entwickelt. Jedes Jahr lassen 30 Millionen Menschen rund sieben Milliarden Mark in Las Vegas an den Spieltischen, den Slotmachines und in den zahllosen künstlichen Paradiesen der Zockermetropole. Das Spiel mit dem Glück hat Konjunktur! Aber Spielen, so scheint es, ist eine Grundkategorie menschlichen Verhaltens. Wobei es zu unterscheiden gilt zwischen dem Spiel als nicht zielgerichtete Tätigkeit, die nur aus Spaß an der Sache selbst geschieht, und dem Spiel, bei dem es Gewinner und Verlierer gibt, ein Wettbewerb ausgetragen wird. Beim Glücksspiel kommt ein weiterer Aspekt dazu: Der Drang des Menschen, den Zufall heraus-

„Denn, um es endlich einmal herauszusagen, der Mensch spielt nur, wo er in voller Bedeutung des Wortes Mensch ist, und er ist nur da ganz Mensch, wo er spielt."
Friedrich von Schiller, „Über die ästhetische Erziehung des Menschen"

1 Spielautomat „Little Duke“, Chicago, 1932

2 „Die Bank gesprengt“, Farbholzstich von Edward Cucuel, 1899

3 „Einarmiger Bandit“ und strahlende Gewinner in Las Vegas

2

3

zufordern, mit ihm zu „spielen“, aber auch ihn zu kontrollieren, ja zu überwinden.

Glücksspiele hat es schon immer gegeben. Und es braucht ja auch keine komplizierten Gerätschaften oder Regeln, um das Glück auf die Probe zu stellen: Muscheln, Steine, Grashalme genügen. Griechen, Römer und Germanen bevorzugten das Würfelspiel, das im 14. Jahrhundert in Europa vom Kartenspiel verdrängt wurde. Der Obrigkeit war dieses unkontrollierte Treiben von jeher ein Dorn im strengen Auge: Sie hat Verbote erlassen und Strafen verhängt, aus Angst vor Streitigkeiten und um zu verhindern, dass sich ihre Untertanen ruinierten. Andererseits hat sie kräftig von der grassierenden Spielleidenschaft profitiert: In Mainz existierte bereits im 15. Jahrhundert ein öffentliches Spielhaus, das der Stadt jährlich 300 Goldgulden einbrachte. Nicht anders heutzutage, da Steuereinnahmen aus Lotterien und Rennwetten, Konzessionsvergaben und Gewinnabführungen dem Fiskus zufließen.

Das Spiel mit Zufall und Glück kennt keine Standesunterschiede: Wer nichts hat, hofft, auf einen Schlag reich zu werden. Und die schon alles haben, spielen mit der Gefahr, mit einem Wurf alles zu verlieren.

? Die Versuche, das Glücksspiel zu verbieten, sind Legion: Am konsequentesten verfuhr im 13. Jh. der französische König Ludwig IX., der nicht nur das Würfeln verbieten ließ, sondern gleich auch die Würfel, die auf Scheiterhaufen öffentlich verbrannt wurden. Im Deutschland unserer Tage steht auf der gewohnheitsmäßig betriebenen Veranstaltung von Glücksspiel ohne behördliche Genehmigung eine Freiheitsstrafe von bis zu zwei Jahren.

Sport – *Siegesrausch und Aberglaube*

Abpfiff. Überglücklich liegen sich die Spieler in den Armen, wälzen sich vor Freude auf dem Rasen, allein oder im Kollektiv. Dann der Dank an die Fans: Die frisch gebackenen Champions fassen sich an den Händen, reißen sie gemeinsam in die Höhe. La Ola! Weltmeister! Tausende glückseliger Fans im Stadion, auf den Straßen der Stadt, am heimischen Fernseher und in der Kneipe: Siegesrausch und Glückstaumel. So ein Tag, so wunderschön wie heute … Bei sportlichen Großveranstaltungen wie Fußballweltmeisterschaften, Olympiaden oder Formel-1-Rennen überschlagen sich die Emotionen, heute wie vor über 40 Jahren: Als die deutsche Fußballnationalmannschaft das „Wunder von Bern“ vollbrachte und in einem packenden Weltmeisterschaftsendspiel die hoch favorisierten Ungarn schlug, schossen sogar Ostberliner Volkspolizisten Freudensalven in die Luft! Eine ganze Nation trat in den Ausnahmezustand.

1 Fans sind abergläubisch. Der Schal war schon bei so vielen wichtigen Siegen dabei. Wehe, er fehlt!

2 Verschworene Gemeinschaft der Footballspieler

Glück und Pech, Lust und Frust – nirgendwo liegen sie so eng zusammen wie im modernen Profisport, wo – bei minimalen Leistungsunterschieden – der Bruchteil einer Sekunde über Sieg und Niederlage entscheidet. Da haben große Gefühle und präventive Magie Konjunktur. Der Schwimmer verlässt ohne seine Lieblingsschlappen die Umkleidekabine erst gar nicht, die Tennisspielerin schleppt das immer gleiche Handtuch mit, um die ganze Welt, von Turnier zu Turnier! Und all die Fußballspieler, die sich vor dem Elfmeter bekreuzigen! Gottesfürchtig oder schicksalsgläubig? Wohl eher Letzteres. Fritz Walter, das Herz der Berner Weltmeistertruppe, war ein besonders abergläubischer Vertreter seines Fachs: Sah er vor dem Spiel eine den Weg kreuzende Katze oder gar eine schwarz gekleidete Nonne, wäre er am liebsten gar nicht erst angetreten: „Heute wird das nichts. Am besten kehren wir gleich wieder um." Umkehren wollte auch Vreni Schneider, die auf Slalomsiege abonnierte Schweizerin, als sie vor dem Olympiaslalom 1994 in Hafjell ihre ⇢ **Maskottchen** im Quartier vergaß. Sie fuhr dann doch – und wurde Olympiasiegerin!

⇢ **Maskottchen**
Das Wort stammt vom provenzalischen „masco" (Zauberin) ab und kam über das Französische zu uns. Heute kann kein Klub, kein Sportler, keine Großveranstaltung mehr auf ein Maskottchen verzichten. Hin und wieder trifft man sogar auf welche aus Fleisch und Blut wie den berühmten Geißbock des 1. FC Köln oder den Domprediger Günter Abramcyk, der Werder Bremen zu allen Auswärtsspielen begleitete.

Ähnlich „zwanghaft" wie die Aktiven verhalten sich auch die echten Schlachtenbummler. „... ich kann mich erinnern, dass ich mein Programm immer vom selben Programmverkäufer kaufen und das Stadion immer durch dasselbe Drehkreuz betreten musste", schreibt der englische Romanautor und Fußballfan Nick Hornby in „Fever Pitch". Dass „sein" Verein „Arsenal London" trotzdem nicht immer gewann, steht auf einem anderen Blatt.

Die Weisheit der **Sprichwörter**

„Wie werde ich glücklich?“ Diese Frage hat die Menschen seit jeher bewegt. Sie haben ihre Erfahrungen mit Glück und Pech von Mund zu Mund weitergegeben, und mit der Zeit sind daraus Sprichwörter geworden. Im Gegensatz zu den „geflügelten Worten“, den sprichwörtlich gebrauchten Zitaten, haben sie keine konkreten Urheber, sondern repräsentieren den „Volksmund“ beziehungsweise „Die Weisheit auf der Gasse“ – so der Titel der berühmten Sammlung deutscher Sprichwörter von Johann Michael Sailer aus dem Jahr 1810.

In Sprichwörtern werde Erfahrungen und Lebensregeln formuliert, die sich durch einprägsame Kürze, Formelhaftigkeit, Bildhaftigkeit und häufig auch durch einen gewissen Witz auszeichnen. Sie sind Allgemeingut und werden von Generation zu Generation weitergegeben.

Sprichwörter sind goldene Lebensregeln, volkstümliche Miniaturtexte von großer suggestiver Kraft, die individuellen Einsichten allgemeingültigen Ausdruck verleihen und zugleich einen Blick in vergangene Lebenswelten gestatten. Das Glück nimmt darin breiten Raum ein und erfährt hohe Wertschätzung: „Am Glück ist alles gelegen“ oder „Glück muss der Mensch haben.“ Ein anderes Beispiel weist die Philosophen in die Schranken: „Ein Quäntlein Glück ist besser als ganze Fässer voller Weisheit.“ Sieht man von dieser grundsätzlichen Sympathie des Sprichworts für das Glück ab, lassen sich zwei große Bedeutungskomplexe unterscheiden: zum einen die Blindheit und Wandelbarkeit des Glücks („Das Glück hat seine Launen“, „Das Glück ist keinem treu“, „Das Glück ist wandelbar“, „Das Glück kommt über Nacht“, „Die Dümmsten haben das meiste Glück“, „Die Liebe und das Glück sind blind“), zum anderen die Machbarkeit des Glücks („Jeder ist seines Glückes Schmied“, „Glück hat nur der Tüchtige“, „Das Glück bietet seine Hand dem

Zahllose Sprichwörter handeln vom Glück, ohne es beim Namen zu nennen. Ein Beispiel, das seit 1720 belegt ist: „Der dümmste Bauer erntet die größten Kartoffeln.“ Es geht auf ein Sprichwort zurück, das Anfang des 17. Jh.s verbreitet war: „Das Glück die Weisen verjagt, den Narren nichts versagt!“

1 Jeder ist seines Glückes Schmied!

2 Vom Operettenlied zum „geflügelten Wort“: „Glücklich ist, wer vergißt, was doch nicht zu ändern ist.“ Szene aus: „Die Fledermaus“ von Johann Strauß. Nationaltheater München, 1997

⇒ „Wer im guten Glück des Unglücks gedenkt, / Dem ward das Glück zu Unrecht geschenkt! / Wer da spart im Glück auf die sauren Wochen, / Der wird auf dem Ätna nur Suppen kochen! / Das Glück ist dunkel und es läuft schnell! / Das Unglück aber ist lang und hell.“
Bertolt Brecht

Kühnen“, „Man muss das Glück beim Schopf packen“, „Das Glück muss man erobern“, „Das Glück hilft keinem, der sich nicht selbst hilft“).

Zwischen diesen beiden Extrempositionen kennt das Sprichwort die unterschiedlichsten Einzelaspekte. Häufig wird vor den unerwünschten Folgen des Glücks gewarnt („Das Glück bläht auf“, „Das Glück ist geschwätzig“, „Den Narren bringt sein eigenes Glück um“, „Glück macht Hochmut“, „Wo's Glück einkehrt, wandert der Verstand aus“) oder der Unglückliche getröstet. Dann verweist das Sprichwort auf die Zukunft („Ander Jahr, ander Glück“), erinnert an das Gute im Schlechten („Bei jedem Unglück ist auch ein wenig Glück“) oder setzt auf die Zuversicht („Wen das Glück verlässt, dem bleibt die Hoffnung“). Angesprochen werden aber auch diejenigen, die ihr Glück nicht zu schätzen wissen: „Glück und Regenbogen sieht man nicht über dem eigenen Haus, sonder nur über fremden.“

Der **Tod** *und das Glück*

„Das Schrecklichste aber ist der Tod“, heißt es in der „Nikomachischen Ethik“ des Aristoteles. „Er ist nämlich das Ende, und es scheint, dass es für die Toten nichts Gutes und nichts Schlechtes mehr gibt.“ Für andere bedeutet Tod Anfang, den Anfang vom Glück: „So muss man auch im Sterben die Angst auf sich nehmen und wissen, dass danach ein großer Raum und Freude sein wird“, tröstete Martin Luther. Der Tod ist keine „Erfahrungstatsache“ im klassischen Sinn, so viel steht fest. „Was fürchtest du den Tod, Väterchen“, heißt es in Russland. „Es hat ja noch keiner erlebt, dass er gestorben ist.“ Kürzer sagt es der moderne Philosoph Ludwig Wittgenstein: „Der Tod ist kein Ereignis des Lebens“, und bestätigt damit seinen antiken Kollegen Epikur: „Der Tod geht uns nichts an. Wenn wir sind, ist der Tod nicht da, aber wenn der Tod da ist, sind wir nicht mehr.“ An seinem Todestag nahm Epikur ein Bad, trank ein Glas Wein und starb, wie er gelebt hatte: furchtlos und glücklich! Doch für die meisten von uns gehört die Angst vor dem Tod zu den Grundtatsachen des Lebens. Und so verspricht etwa das Christentum im Jenseits himmlische Freuden, um der Todesangst den Stachel zu nehmen. Das Osterfest – Fest der Auferstehung Christi von den Toten – erinnert die gläubigen Christen alljährlich daran, dass der Tod kein Ende ist, sondern der Beginn des ewigen Lebens. Die Menschen haben magische Praktiken in unendlicher Zahl entwickelt, sie sollten den Sterbenden den Abschied erleichtern und das Glück der Lebenden erhalten. Da wurden Fenster geöffnet, damit die Seele den Weg hinaus ins Freie fände,

Über ein Erlebnis in den Schützengräben des Ersten Weltkriegs berichtete der Schriftsteller Ernst Jünger: „Als ich schwer auf die Sohle des Grabens schlug, hatte ich die Überzeugung, dass es unwiderruflich zu Ende war. Und seltsamerweise gehört dieser Augenblick zu den ganz wenigen, von denen ich sagen kann, dass ich wirklich glücklich gewesen bin.“

Kein Volk hat ähnlich umfangreiche Vorkehrungen für das Wohlergehen der Verstorbenen getroffen wie die alten Ägypter. Die Toten wurden mit materiellen Gütern aller Art ausgestattet, damit sie in ihrem neuen Leben keine Not leiden mussten. Wer die Toten vernachlässigte, lief Gefahr, sich ihren Zorn zuzuziehen und mit einer schlechten Ernte bestraft zu werden.

1 „Tod des Marat“; Kopie nach einem Gemälde von Jacques Louis David, 1793

2 Grabmal für Wolfgang Amadeus Mozart auf dem St. Marxer Friedhof in Wien, um 1900 errichtet

3 Altägyptische Totenmaske aus der Zeit der 21. Dynastie

1

2

3

„Der Mensch fürchtet den Tod nur, weil er noch nicht glücklich genug gewesen ist: Im höchsten Glück möchte er gleich hinsterben.“
Karl August Varnhagen von Ense

„Niemand ist vor dem Tod glücklich zu nennen.“
Solon

und Lichter angezündet, um die bedrohliche Dunkelheit zu vertreiben. Man hielt die Uhren an, verhängte den Spiegel und bemalte die Bretter, auf denen der Tote aufgebahrt war, mit bunten Ornamenten. Heute legen wir Blumen aufs Grab, ein Zeichen des Lebens und der Freude. Sie verwelken und erinnern uns daran, dass alles Schöne vergänglich ist.

Toi, toi, toi

Das ganze Leben ist eine Kette großer und kleiner Prüfungen: Der Morgen beginnt mit einem prüfenden Blick in den Spiegel. In der Schule werden Kenntnisse überprüft, bei der Arbeit Zahlen oder Keramikfaserplatten. Daneben gibt es natürlich auch noch die richtigen Prüfungen, solche, auf die man sich besonders vorbereiten muss – und die man mit Glanz bestehen oder vermasseln kann. Wer gut abschneidet, ist glücklich zu preisen. Das „toi, toi, toi", das man ihm vorher zugerufen hat, hat offensichtlich genützt! Auch weil sich der Prüfling für den Glückwunsch nicht bedankt, sondern von den Theaterleuten gelernt hat, bei denen das „danke" nach dem „toi, toi, toi" verpönt ist.

Die Ursprünge dieser ungewöhnlichen Worttrilogie liegen im Dunkeln. Völkerkundler gehen davon aus, dass es sich dabei um die Lautnachahmung des dreimaligen ⇢ **Spuckens** handelt, mit dem man sich früher des bösen Blicks und anderer Schadenszauber erwehrte. Möglicherweise trat das vornehmere „toi, toi, toi" im „Prozess der Zivilisation"

1

2

1 Prüfungsvorbereitung: Der Kopf raucht, und alle wünschen viel Glück.

2 Toi, toi, toi für die Theaterprobe in der Hamburger Kampnagel-Fabrik

(Norbert Elias) an die Stelle der ein wenig ordinären, dafür aber umso beliebteren Speichelabsonderung, die vereinzelt auch heute noch praktiziert wird. Wir spucken in die Hände, bevor wir eine neue Aufgabe in Angriff nehmen, und sind überzeugt, dass sich „mit Geduld und Spucke“ nicht nur eine „Mucke“ fangen, sondern auch die kritische Situation meistern lässt. Viehhändler spucken in ihre Hand, bevor sie einen Kauf mit Handschlag besiegeln, Spieler bespucken ihre Würfel in der Hoffnung auf den großen Wurf. Mancherorts, vor allem bei weniger „ehrbaren“ Geschäften, wird heute noch das Handgeld bespuckt. Und es soll sogar Bauern geben, die ihr Vieh anspucken, um es vor Schaden zu bewahren. Verstärkt wird die magische Kraft des „toi, toi, toi“, wenn es über die Schulter gesprochen wird. Ähnlich wie beim Rückwärts-über-die-Schulter-Werfen – etwa Münzen in den Brunnen für eine glückliche Wiederkehr – soll dadurch das direkte Anvisieren der positiven Energie vermieden werden. Das Glück mag es – nach magischem Denken – nicht, wenn man es zu genau fixiert! Es will sich nicht erzwingen lassen.

Spucken
Es sollte Unheil abwehren, jemandem dreimal über die Schulter zu spucken. Der Grund für diese Ansicht dürfte darin liegen, dass der Speichel von der Antike bis in die Neuzeit – wie Harn, Samen, Schweiß und Kot – als Lebensstoff enthaltende und darum heilsame Absonderung galt. Allerdings kann man im Deutschen auch „Gift und Galle spucken“, was für den anderen weniger heilsam als unangenehm ist.

Das „toi, toi, toi“, das so unscheinbar daherkommt, dokumentiert in Wahrheit den Erfindungsreichtum des Volksglaubens und das Schicksal zahlloser **apotropäischer** Rituale: Aus drastischen Schutztechniken werden harmlos klingende Wörter, aus magischen Handlungen Elemente einer kommunikativen Alltagspraxis, die an Zauberei nicht mehr glaubt, auf das Glückwünschen gleichwohl nicht verzichten möchte, denn – wer weiß?!

apotropäisch
von griech. apotrópaios, abwendend. Gemeint sind Unheil abwehrende Gegenstände wie Amulette, Unheil abwehrende Gesten wie „dreimal auf Holz klopfen“ oder Unheil abwehrende Rituale, wenn beispielsweise der Bräutigam die Braut über die Schwelle trägt.

Unglücksraben *und andere Vögel*

Im alten Ägypten wurde die Seele als menschenköpfiger Vogel Ba dargestellt. Nach dem Tod eines Menschen konnte Ba das Grab verlassen und jene Orte besuchen, die der Verstorbene besonders geliebt hatte.

Für den schlechten Ruf des Raben ist die Bibel mitverantwortlich: Sie bezeichnet ihn als unreines Tier, das zudem seinen Elternpflichten nicht nachkommt („Rabeneltern"). Im Mittelalter galt er als „Heidenvogel", da zwei Raben zu den ständigen Begleitern des germanischen Gottes Wotan gehören.

Vögel sind gefiederte Mittler zwischen den Welten. Sie schwingen sich hoch hinauf in die Lüfte und stürzen wenig später in steilem Flug hinab zur Erde. Keiner der beiden Sphären gehören sie ausschließlich an, und gerade deshalb knüpfen sie zwischen beiden ein Band, das gemäß einer in alten Kulturen weit verbreiteten Überzeugung Menschen und Götter miteinander verbindet: Den Lebenden künden sie von Kommendem, die Seelen der Toten geleiten sie ins Jenseits.

Die Auspizien, also die Beobachtung des Vogelflugs, waren im alten Rom speziellen Priestern überlassen und ein wesentliches Mittel der Erkundung des Willens der Götter. Im europäischen Mittelalter wusste jeder selbst, was er von Vögeln zu halten hatte, vor allem von den schwarzen Vögeln! Prominentester Unglücksvogel war und ist auch heute noch der Rabe: Er galt als tückisch, wurde mit Hexen, Kobolden und anderen übernatürlichen Wesen in Verbindung gebracht und kündigte Krankheit, Krieg und Tod an. Egal, was er tat, ob er übers Haus flog, sich aufs Dach setzte oder auch nur in der Nähe krächzte, fast immer legte man seine Anwesenheit als böses Omen aus. Aber keine Regel ohne Ausnahme. In Japan, China, Persien und Griechenland achtete man den Raben als göttlichen Sonnenvogel. Die Babylonier schätzten ihn als Orakelvogel und versprachen sich vom Genuss seines Herzens prophetische Kraft. Noah ließ als Erstes – noch vor der Taube – einen Raben ausfliegen. Und für die Römer bedeutete der Ruf des Raben ein Symbol der Hoffnung: „cras, cras" heißt „morgen, morgen".

1 Der altägyptische Vogel Ba – ein Mittler zwischen Diesseits und Jenseits

2 Knotenloser Krummstab, genannt Lituus; zur Vogelschau verwendet. Etruskisch, um 580 v. Chr.

3 Corvus corax – der Kolkrabe

Utilitarismus – *das Glückskalkül*

1789. Während in den Straßen von Paris die Revolution tobt, erscheint in London ein Werk mit wenig spektakulärem Titel, aber brisantem Inhalt: „Einführung in die Prinzipien der Moral und der Gesetzgebung“. Der Verfasser ist Jeremy Bentham (1748–1832), ein 41 Jahre alter Jurist und Privatgelehrter, der mit dieser Veröffentlichung zum Begründer einer der populärsten philosophischen Richtungen des Industriezeitalters wird. Der Benthamsche Utilitarismus ist eine hedonistische „Glückstheorie“ mit einem ausgesprochen demokratischen Zungenschlag. Im Zentrum steht das „Prinzip der Nützlichkeit“: Handlungen, die das Glück der Allgemeinheit fördern, gelten danach als moralisch richtig, Handlungen, die das Gegenteil bewirken, als moralisch falsch. Ziel ist das „größtmögliche Glück für die größtmögliche Zahl von Menschen“. Um dieses hochgesteckte Ziel zu erreichen, war damals allerdings die politische und moralische Umgestaltung der Gesellschaft erforderlich, denn die aktuelle Situation sah so aus: Einige wenige, die Reichen und Mächtigen, hatten das (materielle) Glück auf Dauer gepachtet, und die Masse konnte zusehen, wo sie blieb. Wir wissen, dass es noch Jahrzehnte dauerte, bis die Gesellschaft zu mehr Gerechtigkeit fand.

„Unter Nützlichkeit ist jene Eigenschaft an einem Objekt zu verstehen, durch die es dazu neigt, Gewinn, Freude, Gutes oder Glück hervorzubringen ..., oder ... die Gruppe, deren Interesse erwogen wird, vor Unheil, Leid, Bösem oder Unglück zu bewahren.“
Jeremy Bentham

„Da hatte im Neunzehnten Jahrhundert das Wort ‚Glück‘ einen Unterton bekommen: wie das vergnügte Grunzen des satten Bourgeois. Von ihm sprachen viele englische Philosophen, wenn sie vom Glück sprachen.“
Ludwig Marcuse

Einen Anfang in diesem Umgestaltungsprozess machte die 1823 in England gegründete radikaldemokratische „Utilitarian Society“, die Redefreiheit und das allgemeine Wahlrecht forderte. Ihr Gründer, John Stuart Mill (1806–73), gilt als der eigentliche Kopf des Utilitarismus. Sein gleichnamiger Essay von 1861 zählt im angelsächsischen Sprachraum zu

„Der Mensch strebt nicht nach Glück; nur der Engländer tut es.“
Friedrich Nietzsche

den meistgelesenen und meistdiskutierten moralphilosophischen Texten überhaupt! Mill knüpft darin an Bentham an, und geht gleichzeitig über ihn hinaus: Er hält fest am Prinzip des größten Nutzens als dem gemeinsamen Grund aller moralischen Verpflichtung; anders als sein Vorgänger unterscheidet er aber nicht nur Quantitäten, sondern auch Qualitäten des Glücks. Es gibt Arten der Freude, die wünschenswerter und wertvoller sind als andere: Freuden des Verstands, der Empfindung und Vorstellungskraft sowie des sittlichen Gefühls. „Es ist besser, ein unzufriedener Mensch zu sein als ein zufriedenes Schwein; besser ein unzufriedener Sokrates als ein zufriedener Narr“, heißt es im zweiten Kapitel des Essays. Glück und Zufriedenheit sind für Mill zwei durchaus verschiedene Dinge: Ein Wesen „mit geringerer Fähigkeit zum Genuss (hat) die besten Aussichten ..., voll zufriedengestellt zu werden; während ein Wesen von höheren Fähigkeiten stets das Gefühl haben wird, dass alles Glück, das es von der Welt, so wie sie beschaffen ist, erwarten kann, unvollkommen ist“.

1

2

1 Jeremy Bentham (1748–1832), Begründer des Utilitarismus

2 Gegen die Privilegien des Adels und für mehr Gleichheit! „Sturm auf die Bastille am 14. Juni 1789“, zeitgenössischer Kupferstich

Eine Insel namens **Utopia**

„Eigentlich ist es ein Glück, ein Leben lang an einer Sehnsucht zu lutschen; einige sagen ja sogar, das ganze Leben sei nur dazu da, sich das Ferne, das Unbestimmte zu wünschen.“
Theodor Fontane

Den ersten fiktiven Idealstaat hat der griechische Philosoph Platon in „Politeia“ („Der Staat“) entworfen: eine rigide Ständegesellschaft, in der die Philosophen unumschränkt herrschen, Krieger für Ordnung sorgen – und der Rest für das Gemeinwohl arbeitet. Das Glück des Einzelnen zählt bei Platon nicht viel: „Jetzt, da wir den nach unserer Meinung glücklichen Staat formen, wollen wir das Glück der Gesamtheit, nicht einiger weniger.“ Das eigene Glück war Platon nicht hold: Er wurde von dem sizilianischen Tyrannen Dionys I. auf dem Markt verkauft.

Reif für die Insel? Zu viel Arbeit, zu wenig Muße, zu viel Ärger, zu wenig Lebensfreude? Nur weg, weit, weit weg ... auf die Insel der Träume, des Glücks. Die Refugien der Gegenwart liegen irgendwo in der Südsee oder der Karibik, einsame kleine Eilande, auf denen ein freies, ungezwungenes Leben möglich ist, kein Wecker klingelt und kein Chef meckert. Aber auch Wunschbilder gehen mit der Mode: In der Vergangenheit sahen die glücklichen Visionen anders aus. „Jede Zeit sehnt sich nach einer schöneren Welt. Je tiefer die Verzweiflung und der Schmerz über das verworrene Heute, desto inniger ist die Sehnsucht.“ Der holländische Historiker Johan Huizinga, der diese Worte angesichts der Schrecken des Zweiten Weltkriegs schrieb, dachte dabei sicher auch an die berühmte Insel Utopia (Nirgendland). Erfunden hat sie der englische Staatsmann und Humanist Thomas Morus (1478–1535), und aus dem Titel seines Buchs „Utopia“, das 1516 erschien, wurde ein feststehender Begriff. „Utopia“ ist Ausdruck der uralten Sehnsucht nach jenem goldenen Zeitalter, in dem alle glücklich und zufrieden leben, und Morus hat dieses Paradies vor allem politisch gedacht. Seine Trauminsel ist ein Rechtsstaat mit demokratischen Zügen, ein kritischer Gegenentwurf zum damaligen England unter König Heinrich VIII. (das ist der mit den fünf Frauen). Am Ende wurde Morus selbst Opfer dieser Willkürherrschaft und wegen Ungehorsams zum Tod verurteilt.

Doch „Utopia“ machte, zumindest als Idee, Furore, wartet allerdings, wie alle Utopien, noch

1 Spuren im Sand auf einer karibischen Trauminsel

2 Die Insel „Utopia" schmückte das Titelblatt der Erstausgabe von Thomas Morus' berühmtem Werk (1516).

„Eine Weltkarte, in der das Land Utopia nicht verzeichnet ist, verdient keinen Blick, denn sie lässt die eine Küste aus, wo die Menschheit ewig landen wird. Und wenn die Menschheit da angelangt ist, hält sie Umschau nach einem besseren Land und richtet ihre Segel dahin. Der Fortschritt ist die Verwirklichung der Utopie."
Oscar Wilde

immer auf die Realisierung: Auf dieser Insel der Glückseligen herrscht die Vernunft. Alle Utopier sind frei von Besitzstreben und leben in Gütergemeinschaft. Sie verbringen ihre Zeit mit dem Studium von Wissenschaft und Kunst, Spiel und Geselligkeit. Jeder darf glauben, was er will, und nach seiner Fasson glücklich werden, wozu sicher auch beiträgt, dass täglich höchstens sechs Stunden gearbeitet wird. Glückliche Utopier! Doch selbst „Utopia" hatte ihre Schattenseiten: Es gab Sklaven für die schweren Arbeiten und Söldner, die die Kämpfe der Utopier kämpften.

Wie viele Philosophen, Staatsrechtler und Politologen haben sich seither Utopias angenommen – und alle wollten sie „nur" das Glück der Menschheit. Ein schwieriges Unterfangen! Heute, scheint es, haben politische Utopien ihren Kredit verspielt: Mit dem fehlgeschlagenen Jahrhundertexperiment des Sozialismus wurde auch die Idee von der Möglichkeit einer „glücklichen Gesellschaft" (Ludwig Marcuse) zu Grabe getragen.

Vorfreude *ist die schönste Freude*

Vorfreude ist die schönste Freude, lautet eine bekannte Redensart. Sie darf, wie alle Redensarten, ein Quäntchen Wahrheit für sich verbuchen; denn ohne die Vorfreude wäre das Glück nicht komplett. Oft genug muss sie das ganze Glück vertreten, wenn aus freudigen Erwartungen enttäuschte Hoffnungen geworden sind. Und trotzdem erfahren wir das vorweg empfundene Vergnügen nicht als bloße Vorahnung, sondern als Glück in der Gegenwart.

Advent
Das Wort stammt aus dem Lateinischen, es bedeutet „Ankunft" und wird seit dem frühen Mittelalter im heutigen Sinn gebraucht. Der Advent umfasst die vier Sonntage vor Weihnachten und wird von den gläubigen Christen als ernste Zeit der Vorbereitung auf das frohe Ereignis der Geburt Christi begriffen.

Vorfreude kennt auch das Christentum. Der **Advent** ist eine solche Zeit der Vorbereitung auf das kommende frohe Ereignis. Gefeiert wird der Advent bereits seit dem 5. Jahrhundert, und unter Papst Gregor dem Großen (um 540–604) fand die Festlegung auf die Dauer von vier Wochen statt. Der Advent sollte eine stille Zeit sein, eine Zeit der inneren Einkehr, eine Zeit des Fastens und Betens, der Bußübungen – und der guten Werke: Unsere Weihnachtsgeschenke erinnern noch entfernt daran. Vieles hat sich geändert. Heute ist der Advent eher von Einkaufstrubel und Hektik, Termindruck wegen all der Weihnachtsfeiern und Gewichtszunahme durch Lebkuchen- und Plätzchenorgien geprägt. Aber die vier Lichter des Adventskranzes zünden auch jene an, die den Sinn des Ganzen längst vergessen haben.

Vorfreude ist zielgerichtete Freude, ein „intentionales Gefühl", wie die Psychotherapeuten sagen würden. Es spielt keine Rolle, ob der kommende Frühling, die nachmittägliche Tasse Tee, eine bevorstehende Urlaubsreise, ein Familienfest oder die Weihnachtsbescherung der Anlass ist. Vorfreude

1 Die Kinder können es kaum erwarten! „Vor der Bescherung“, kolorierter Holzstich von 1890

2 Schneeglöckchen: Vorfreude auf den Frühling

lebt in der Gegenwart, aber sie zehrt von der Zukunft! Sie ist Vorwegnahme eines Glücks, das sehnsüchtig erwartet und in der Fantasie frei imaginiert wird, ohne die anderen, die das Glück vielleicht nicht zulassen werden, ohne Gedanken an die böse Realität. „Im Vorgefühl von solchem hohen Glück / Genieß ich jetzt den höchsten Augenblick“, lässt Goethe seinen Faust deklamieren und damit andeuten, dass das vorweggenommene Glück der Vorfreude womöglich das größere ist.

Denn tritt das ersehnte Ereignis endlich ein, erfüllt es nicht immer die Sehnsüchte. Statt des lang erwarteten Frühlings kommt der Winter noch einmal mit Schnee und Eis zurück. Aber die Vorfreude werden wir uns von derlei Enttäuschungen nicht nehmen lassen. Das Glück ist ja nur aufgeschoben.

„Den ganzen Tag freute er sich auf oder über etwas“, schreibt Jean Paul über das „Leben des vergnügten Schulmeisterlein Maria Wuz“ in Auenthal. „Vor dem Aufstehen ... auf das Frühstück, den ganzen Vormittag aufs Mittagessen, zur Vesperzeit aufs Vesperbrot und abends aufs Nachtbrot.“

Was wäre gewesen, wenn ...

... was wäre beispielsweise geschehen, wenn Otto von Bismarck in jungen Jahren getötet worden wäre? Während seiner Studienzeit an der Universität Göttingen nämlich frönte der Mann, den man später den ⇢ **Eisernen Kanzler** nannte, ausgiebig der Sitte des Duells; 25-mal soll er sich innerhalb von neun Monaten geschlagen haben. „Wenn ich tot geschossen würde", äußerte er 1865 – damals bereits preußischer Ministerpräsident – anlässlich einer Forderung gegenüber dem Berliner Kammergerichtspräsidenten Adolph von Kleist, „risse ich ein großes Stück Königtum mit ins Grab." Otto von Bismarck verzichtete auf die „Ehre", blieb am Leben – und brachte die (klein)deutsche Einigung zustande: Ohne sein Engagement wäre es 1871 im Spiegelsaal von Versailles wohl kaum zur Gründung des Deutschen Reichs gekommen. Wäre Bismarck bei einem seiner Duelle getötet worden – sicher wäre die Geschichte Deutschlands und Europas anders verlaufen. Wie? Das gehört ins Reich der Spekulation.

⇢ **Eiserner Kanzler** Der geläufige Beiname Otto von Bismarcks leitet sich von seinem nicht öffentlichen Ausspruch aus dem Jahr 1862 her: „Nicht durch Reden und Majoritätsbeschlüsse werden die großen Fragen der Zeit entschieden – das ist der Fehler von 1848 und 1849 gewesen –, sondern durch Eisen und Blut."

Zufall und Glück spielen in der Geschichte eine große Rolle. Die Gunst des Augenblicks macht aus Bettlern Könige und schmiedet Königreiche zu mächtigen Imperien. Sie eröffnet Chancen, die es beherzt zu ergreifen gilt, und Perspektiven, die ins Ungedachte weisen. Wem Fortunas Atem ins Gesicht bläst, dem gerät noch der durchdachteste Plan zur Katastrophe, der verliert Macht, Ansehen und manchmal auch das Leben. Ein kleines Streichholz kann einen Brand entfachen, ein Feuer entfesseln, das alles verschlingt; scheinbar unbedeutende Ereignisse lösen mitunter Erschütterungen aus, die eine

„Wir müssten überhaupt suchen, den Ausdruck ‚Glück' aus dem Völkerleben loszuwerden und durch einen anderen zu ersetzen, während wir ... den Ausdruck ‚Unglück' beizubehalten haben. Die Naturgeschichte zeigt uns einen angstvollen Kampf ums Dasein, und dieser nämliche Kampf erstreckt sich bis weit in Völkerleben und Geschichte hinein."
Jacob Burckhardt

„Hegel und die Seinen nahmen vom Glück keine Kenntnis, weil sie sich vergafft hatten in die Errungenschaften des Weltgeistes. Das Glück gehört nicht in diese erhabene Sphäre. Das Glück gehört nur in die so genannte private Sphäre. Das war die Sphäre, welche die Philosophen nichts angeht."
Ludwig Marcuse

ganze Welt vernichten. Aus den rauchenden Trümmern wächst das Neue! Der Untergang Roms war ein Glück für die „barbarischen" Germanenstämme, allerdings ein Glück der Tüchtigen, da sie ihm vorher kräftig auf die Beine geholfen hatten. Und was wäre geschehen, wenn Genua die Mittelmeerinsel Korsika 1768 nicht an Frankreich verkauft hätte? Der gebürtige Korse Napoléon Bonaparte hätte wahrscheinlich keine französische Militärakademie besucht und wäre wohl niemals Kaiser der Franzosen geworden. Und wie wäre die Geschichte des 20. Jahrhunderts verlaufen, wenn der österreichische Kaiser Franz Joseph 1914 der Bitte seines Thronfolgers nachgegeben hätte, der nicht nach Sarajevo fahren wollte? So aber entsprach Franz Ferdinand der väterlichen Order – und wurde, zusammen mit seiner Frau, von Terroristen ermordet: Auftakt der vier Jahre währenden Völkerschlacht des Ersten Weltkriegs! „Die Weltgeschichte ist nicht der Boden des Glücks. Die Perioden des Glücks sind leere Blätter in ihr", schrieb der Philosoph Georg Wilhelm Friedrich Hegel.

1

2

1 Die Verhaftung des Mörders nach dem Attentat von Sarajevo im Juni 1914

2 Napoleon I. und sein Stab bei der „Campagne de France". Gemälde von Ernest Meissonier (1864)

Wein, *Weib und Gesang*

1

Drei Dinge braucht ein Mann, das wusste bereits der Dichter Johann Heinrich Voß (1751–1826), der den Deutschen ins Stammbuch schrieb: „Wer nicht liebt Weib, Wein und Gesang, der bleibt ein Narr sein Leben lang!“ Daraus ist eine der bekanntesten „Glücksformeln“ der Deutschen geworden, allerdings in eigentümlich veränderter Reihenfolge: Zuerst kommt der Wein! Das „Weib“ ist im Volksmund zweitrangig geworden – und die Ehefrau ist damit wohl eher auch nicht gemeint!

„Was ist des Lebens höchste Lust? Die Liebe und der Wein.“ *Joachim Perinet*

Voll beladen schaukelt eine Kutsche ihre Fracht übers Land. Ein großes Fass ist mit an Bord, aus dem die leeren Becher nachgefüllt werden. Brave Familienväter sitzen, stehen, liegen übereinander, grölen wilde Lieder und sind glücklich – Vatertag! Männer unter sich! So etwas wie eine spezifisch männliche Fest- und Vergnügungskultur, von der Frauen grundsätzlich ausgeschlossen sind, gibt es

2

3

1 „Herrenrunde“, Farblithographie um 1895

2 Vatertagsausflug in Berlin im Mai 1956

3 „Bacchus mit zwei Nymphen und Amor“, Gemälde von Caesar Boethius van Everdingen, um 1650

tatsächlich. Reine Männerrunden entlasten vom Zwang der Konkurrenz (um die holde Weiblichkeit) und ermöglichen gerade darum kollektive Glückserlebnisse, die besonders leicht und unbeschwert daherkommen. Was nicht fehlen darf, ist der ⇢ **Alkohol.** Er ist Stimmungsmacher Nummer eins, der kollektive Alkoholexzess von jeher eine Art Ritual, das zusammenschweißt. Wer nicht mitmacht, gehört nicht dazu! Wie bei einem archaischen Initiationsritus betrinken sich amerikanische Studenten bei Semesterbeginn bis zur Besinnungslosigkeit, und der Umtrunk traditionsbewusster deutscher Corpsbrüder endet oft genug unter dem Tisch.

⇢ **Alkohol**
Das seit dem 16. Jh. bekannte Fremdwort stammt eigentlich aus dem Arabischen (al kul) und kam als Begriff durch die Alchemisten zu uns. Diese benutzten es in der ursprünglichen Bedeutung „feines, schwarzes Pulver", aber auch schon für „Weingeist".

Seiner rauschhaften Wirkung wegen fand Alkohol seit uralten Zeiten und überall auf der Welt als sakrales Getränk Verwendung. Dionysos, dem griechischen Gott der Fruchtbarkeit, besonders des Weinbaus, war ein ausgelassener Kult gewidmet, der in gemeinsamen Rausch und Ekstase mündete. Hauptfeste des Gottes waren die Dionysien. Da gab es Weinweihe und Wetttrinken, und es wurde Theater gespielt: Die Entstehung des antiken Dramas ist vom Dionysoskult nicht zu trennen. Überhaupt machte dieser lustvolle Gott eine unvergleichliche Karriere! Mit Alexander dem Großen kam sein Kult bis nach Indien, wo er freudig aufgenommen wurde. Und die Römer tauften den alten Dionysos in Bacchus um und feierten ihm zu Ehren die Bacchanalien, die später zum Inbegriff zügelloser Gelage wurden. Den schweren Kopf am nächsten Tag muss man heute wie damals ohne göttliche Hilfe ertragen. Aber jedes Glück hat seinen Preis!

„Es wird bei uns Deutschen mit wenig so viel Zeit totgeschlagen wie mit Biertrinken."
Otto von Bismarck

1

Zahlen – *Chiffren des Glücks*

Die Drei spielt in fast allen Religionen eine bedeutende Rolle. Gilt die Eins als Symbol der unteilbaren Einheit und die Zwei als Sinnbild von Spaltung und Gegensatz, so zeigt die Drei als „heiligste" Zahl die (göttliche) Vollkommenheit. Für die christlichen Kirchenlehrer stand die Drei für die Trinität, die Lehre von Gott, der zugleich Vater, Sohn und Geist ist.

„Eine Zahl und die ihr innewohnenden Kräfte zu kennen ermöglichte es dem Menschen, sich der mit ihr zusammengehörigen Macht zu bedienen, zu zaubern oder seinen Gebeten stärkere Wirkungskraft zu verleihen."
Annemarie Schimmel

Seit unvordenklichen Zeiten üben Zahlen und magisch-mystische Zahlenspekulationen eine starke Faszination auf den Menschen aus. Mayas und Azteken, Babylonier, Altägypter, Inder und Chinesen, Juden, Christen und Muslime haben um die Zahlen ein verwirrendes symbolisches Bedeutungsnetz gestrickt, und der griechische Philosoph Pythagoras lehrte vor 2500 Jahren: „Die Zahl ist das Wesen der Wirklichkeit." Für seine Anhänger, die Pythagoreer, waren Zahlen zugleich Ursache und Ausdruck der kosmischen Ordnung und ihrer „sphärischen Harmonie". Wer um das Geheimnis der Zahlen wusste, kannte das Geheimnis der Welt und den Schlüssel zum Glück.

Ausgesprochene Glückszahlen gibt es eigentlich gar nicht. Jede Zahl kann infolge besonderer Umstände zur Glückszahl werden. Dies trifft selbst auf die geraden Zahlen zu, die seit Pythagoras einen schweren Stand haben, weil sie anders als die ungeraden Zahlen in zwei gleiche Teile zerlegt werden können und darum als unvollkommen gelten. Hierzulande ist es vor allem die Drei, von alters her Inbegriff höchster Heiligkeit und Vollendung, die zum Glück in einer besonderen Beziehung steht: „Aller guten Dinge sind drei." Das ist nicht nur ein bekanntes Sprichwort, sondern auch ein Lehrsatz der Magie: Was dreimal passiert, wird zum Gesetz, deshalb müssen magische Formeln und Rituale dreimal wiederholt werden. Mephisto erinnert Faust daran, dass er dreimal „Herein" rufen müsse, damit er, Mephisto, der Aufforderung auch folgen könne. Dreimal spucken wir jemandem über die Schulter, und dreimal klopfen wir auf Holz, um das Glück zu beschwören. Im Volksglauben spielten dreieckige Talismane eine große Rolle; 1611 verbot der bayerische Herzog aus Sorge um das Seelenheil seiner Untertanen, dass „segen auff ein gewiß papier oder perment im gestalt eines tryangels geschrieben".

Neben der Drei hat vor allem die allumfassende Sieben die Fantasien beflügelt. In Babylonien bedeutete das Zeichen „sieben" Ganzheit und Fülle. Die Römer verehrten die Sieben als Glückszahl: Sie errichteten ihre Stadt auf sieben Hügeln und organisierten zahlreiche Institutionen nach dem Prinzip dieser Zahl. Eine besondere Rolle spielte die Sieben in der Alchemistenküche: Siebenmal mussten Formeln wiederholt oder Destillierungen vorgenommen werden, damit sich das gewünschte Ergebnis einstellte. Auch gegen Krankheiten wie die Gicht oder gegen Teufelszauber ließ sich die Sieben verwenden. Und siebenjährige Mädchen galten in Süddeutschland als besonders hellsichtig, wenn es um das Aufspüren verborgener Schätze ging.

Die Bedeutung der heiligen Sieben resultiert aus der „Addition" der geistigen Drei (Gott) mit der erdenhaften Vier (Welt). Sieben ist die Zahl der Schöpfung und taucht bereits in einer pseudohippokratischen Schrift als kosmische Strukturzahl auf: „Die Zahl Sieben, aufgrund ihrer okkulten Kräfte, neigt dazu, alle Dinge ins Sein zu bringen; sie teilt Leben aus und ist die Quelle allen Wechsels."

1 Die drei Affen: nichts sagen, nichts sehen, nichts hören

2 „Die sieben Lebensalter des Weibes" von Hans Baldung Grien, 1544

3 „Die drei Philosophen", Gemälde von Giorgione, um 1508

Register

Seitenzahlen in *kursiver* Schrift weisen auf Bildunterschriften hin.

Bildnachweis

Archiv für Kunst und Geschichte, Berlin: S. 4/1, S. 8, S. 13/1, S. 14, S. 17, S. 28, S. 30/3, S. 32/7, S. 33, S. 41/2, S. 45, S. 49, S. 50, S. 51/2, S. 61, S. 67, S. 69/3, S. 73/1, S. 74/ S. 79/2, S. 85/1, S. 86/1,3, S. 89/3, S. 90, S. 91/3, S. 93/3, S. 95/1, S. 99, S. 100, S. 101/2, S. 107/2, S. 109/3, S. 110/1, S. 113/3, S. 115, S. 121/3, S. 124, S. 127/2, S. 129/2, S. 130, S. 131/3, S. 133, S. 135/2, S. 138/1, S. 141/2, S. 147/2, S. 148/2, S. 151/2, S. 156, S. 159/2, S. 161/3, S. 162, S. 166, S. 167/2, S. 173/ 1,2, S. 177/2, S. 179, S. 181/2, S. 183/1, S. 185, S. 186, S. 188, S. 189/2 **Associated Press / Archiv für Kunst und Geschichte, Berlin:** S. 37/2 **J. Beck / Silvestris Fotoservice, Kastl:** S. 114/2, S. 143/1 **A. Berger / Silvestris Fotoservice Kastl:** S. 41/1 **J. Bieker, Dortmund:** S. 4/5,7, S. 11/1, S. 20, S. 23, S. 29, S. 42/2, S. 51/3, S. 57/3, S. 95/2, S. 101/3, S. 103/2, S. 119/2, S. 135/1, S. 140, S. 158, S. 165/3 **Burkhart / Silvestris Fotoservice, Kastl:** S. 1616/1 **Cameraphoto / Archiv für Kunst und Geschichte, Berlin:** S. 52/2, S. 62, S. 89/2 **Cinetext Bild- und Textarchiv, Frankfurt:** S. 47/2, S. 73/2, S. 83/3, S. 87/2, S. 93/1,2, S. 105, S. 137/2, S. 163/3 **Conditorei Eichele, München:** S. 4/6 **J. da Cunha / Archiv für Kunst und Geschichte, Berlin:** S. 88 **Paul Dance / Tony Stone Worldwide, München:** S. 155/2 **U. Derlath / Art-Concerts, München:** S. 85/2 **F. Dott / argus-Fotoarchiv, Hamburg:** S. 4/3 **Reza Estakhrian / Tony Stone Images, München:** S. 30/2 **Five Seasons / Silvestris Fotoservice, Kastl:** S. 109/2 **W. Forman / Archiv für Kunst und Geschichte, Berlin:** S. 19/1, S. 21/2, S. 106, S. 116 **P. Frischmuth / argus-Fotoarchiv, Hamburg:** S. 164 **J. Glaser, Berlin:** S. 30/5, S. 168/1 **M. Gratton / Tony Stone Images, München:** S. 7/1 **K. Harvey / Tony Stone Images, München:** S. 79/1 **W. Hösl, München:** S. 171/2 **L. Janicek / Silvestris Fotoservice, Kastl:** S. 63/2 **R. Janke / argus-Fotoarchiv, Hamburg** S. 11/4, S. 15, S. 137/3 **Jump, Hamburg:** S. 64/1 **Z. Kaluzny / Tony Stone Images, München:** S. 147/1 **K.-B. Karwasz / argus-Fotoarchiv, Hamburg:** S. 63/1 **Kehrer / Silvestris Fotoservice, Kastl:** S. 123/2 **J. Kelly /Tony Stone Images, München:** S. 75/2 **S. Kerscher / Silvestris Fotoservice, Kastl:** S. 7/2, S. 30/6 **H. Lange / Silvestris Fotoservice, Kastl:** S. 81/2 **L. Lenz / Silvestris Foto Service, Kastl:** S. 183/2 **L. Leonhard / Silvestris Fotoservice, Kastl:** S. 64/2 **E. Lessing / Archiv für Kunst und Geschichte, Berlin:** S. 19/3, S. 25/1,3, S. 47/1, S. 71, S. 83/2, S. 108, S. 120, S. 127/1, S. 142, S. 163/2, S. 189/3 **Lotterie Treuhandges.mbH Hessen, Wiesbaden:** S. 52/1, S. 125/2 **S. Meyers / Silvestris Fotoservice, Kastl:** S. 177/3 **Kai Ulrich Müller, Berlin:** S. 43/3, S. 123/1 **J.-L. Nou / Archiv für Kunst und Geschichte, Berlin:** S. 4/4, S. 35/2, S. 69/2 **J. G. Niederegger GmbH, Lübeck:** S. 102 **H. Oberück / argus-Fotoarchiv, Hamburg:** S. 131/2 **T. Raupach / argus-Fotoarchiv, Hamburg:** S. 91/2, S. 151/3, S. 153/1, S. 181/1 **RCS Libri SpA Fabbri Editori, Mailand:** S. 13/2, S. 38/2, S. 59/2, S. 96/2, S. 144, S. 153/2 **H. Reinhard / Reinhard-Tierfoto, Heiligkreuzsteinach:** S. 113/4, S. 165/2 **U. Romeis, Dortmund:** S. 80, S. 119/3, S. 148/1 **W. Rudhart / argus-Fotoarchiv, Hamburg:** S. 11/2 **W. Rudolph / Silvestris Fotoservice, Kastl:** S. 167/3 **H. Saxgren / argus-Fotoarchiv, Hamburg:** S. 30/1 **J. Schlösser / Ostkreuz, Agentur der Fotografen, Berlin:** S. 24f./2 **T. Schmitt / argus-Fotoarchiv, Hamburg:** S. 26 **M. Schröder / argus-Fotoarchiv, Hamburg:** S. 4/2, S. 10, S. 125/3, S. 138/2, S. 174 **G. Schütz / Archiv für Kunst und Geschichte, Berlin:** S. 77/2 **H. Schwarzbach/ argus-Fotoarchiv, Hamburg:** S. 57/2, S. 75/3, S. 107/3, S. 119/1, S. 168/2 **R. Smith / Tony Stone Images, München:** S. 31 **M. Specht / argus-Fotoarchiv, Hamburg:** S. 21/1 **O. Stadler / Silvestris Fotoservice, Kastl:** S. 24/1, S. 81/3, S. 82, S. 112, S. 136, S. 161/2 **Telegraph Colour / Silvestris Fotoservice, Kastl:** S. 114/1 **TH-Fotowerbung, Silvestris Fotoservice, Kastl:** S. 54, S. 55/2 **E. Thiem / Lotus Film, Kaufbeuren:** S. 19/2, S. 38/1, S. 44/unten, S. 55/3, S. 58, S. 68, S. 96/1, S. 123/3, S. 126, S. 135/3, S. 141/3, S. 143/2, S. 150, S. 173/3, S. 177/1 **J. Turner / Tony Stone Images, München:** S. 30/4 **I. Wandmacher, Hamburg:** S. 24/3,4, S. 37/4, S. 76, S. 96/3, S. 171/1 **W. M. Weber / argus-Fotoarchiv, Hamburg:** S. 37/3 **M. Woltmann / argus-Fotoarchiv, Hamburg:** S. 110/2, S. 121/2 **E. Wrba Foto-Design, Sulzbach a. Taunus:** S. 42/1, S.57/1, S. 59/1, S. 77/3, S. 113,2, S. 129/1, S. 159/3 **R. Wulf / Archiv für Kunst und Geschichte, Berlin** S. 103/3

Wir danken der Art-Concerts GmbH, München, für die freundliche Überlassung des Bildes S. 85/2: Aufführung "Carmina Burana", Produzent: Franz Abraham, Regie: Walter Haupt.